●シリーズ●
世界の社会学・日本の社会学

FEI, Xiao-tong

費孝通

―民族自省の社会学―

佐々木衞 著

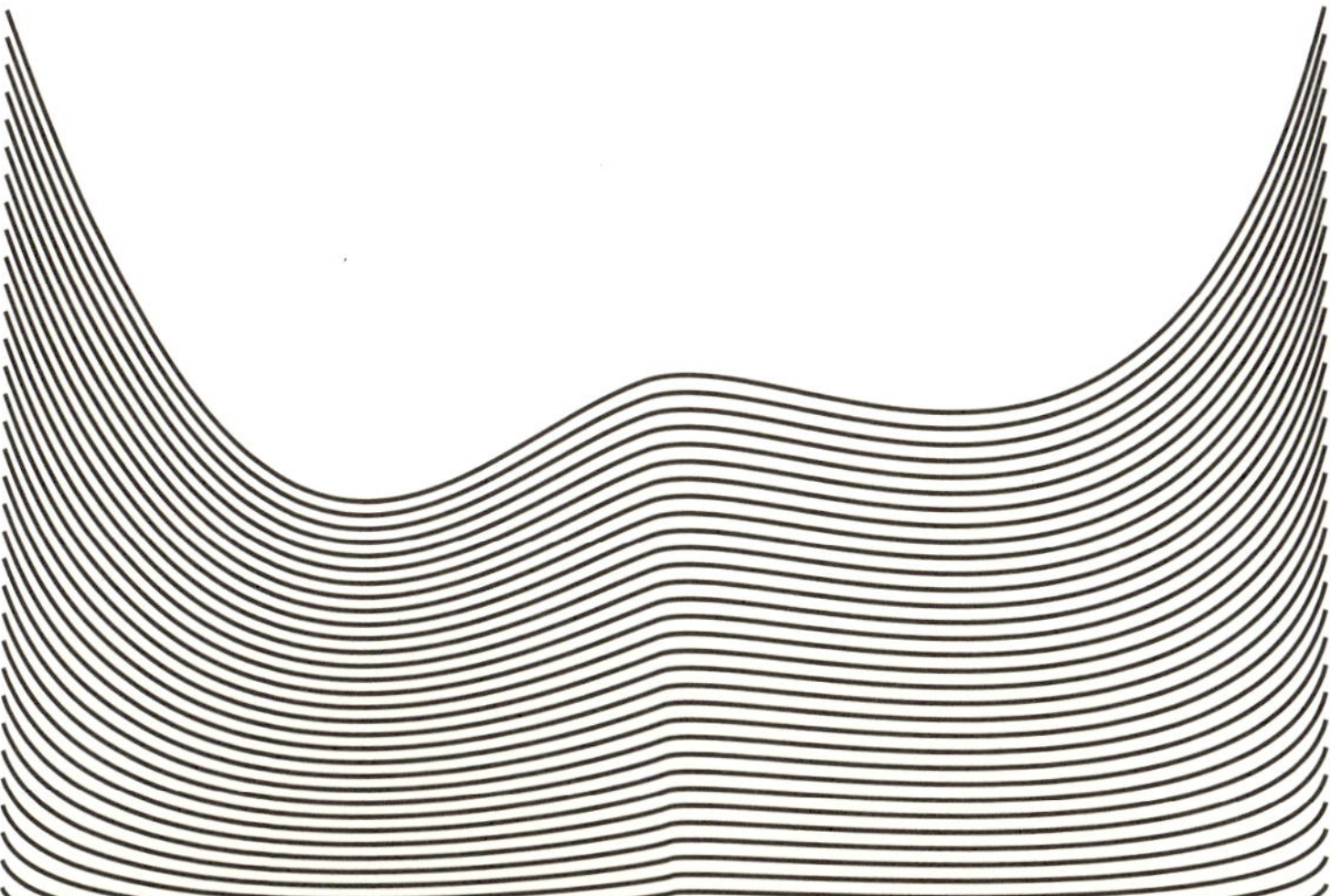

東信堂

「シリーズ世界の社会学・日本の社会学」(全50巻)の刊行にあたって

ここにこれまでの東西の社会学者の中から50人を選択し、「シリーズ世界の社会学・日本の社会学」として、その理論を解説、論評する叢書を企画、刊行することとなりました。このような大がかりな構想は、わが国の社会学界では稀有なものであり、一つの大きな挑戦であります。

この企画は、監修者がとりあげるべき代表的な社会学者・社会学理論を列挙し、7名の企画協力者がそれを慎重に合議検討して選別・追加した結果、日本以外の各国から35巻、日本のすでに物故された方々の中から15巻にまとめられる社会学者たちを選定することによって始まりました。さらに各巻の執筆者を、それぞれのテーマに関して最適任の現役社会学者を慎重に検討して選び、ご執筆を承諾していただくことによって実現したものです。

各巻の内容は、それぞれの社会学者の人と業績、理論、方法、キー概念の正確な解説、そしてその今日的意味、諸影響の分析などで、それを簡潔かつ興味深く叙述することにしています。形態はハンディな入門書であり、読者対象はおもに大学生、大学院生、若い研究者においていますが、質的には専門家の評価にも十分に耐えうる、高いレベルとなっています。それぞれの社会学者の社会学説、時代背景などの紹介・解説は今後のスタンダードとなるべきものをめざしました。また、わが国の15名の社会学者の仕事の解説を通しては、わが国の社会学の研究内容の深さと特殊性がえがきだされることにもなるでしょう。そのために、各執筆者は責任執筆で、叙述の方法は一定の形式にとらわれず、各巻自由に構成してもらいましたが、あわせて監修者、企画協力者の複数によるサポートもおこない、万全を期しております。

このシリーズが一人でも多くの方々によって活用されるよう期待し、同時に、このシリーズが斯界の学術的、社会的発展に貢献することを心から望みます。

1999年7月

監修者　北川隆吉　　東信堂社長　下田勝司

企画協力者（敬称略）　稲上　毅、折原　浩、直井　優、蓮見音彦
宝月　誠、故森　博、三重野卓(幹事)

費孝通（1910年）
FEI, Xiao-tong (1910-)

はじめに

一九四九年の中国人民共和国の成立後、「反右派闘争」（一九五七年に広がる）、「文化大革命」（一九六六年に始まる）の嵐の中で、社会学は反動的なブルジョア科学として抹消させられた。この間、社会学者の多くは激しい批判の対象とされ、公職から追放された。社会学が実質的に禁止された一九五二年からほぼ三〇年の杜絶の後、社会学が復活する契機となった社会学研究会が成立したのは一九七九年のことである。費孝通は中国社会学の復興を担う中心として活動した人であり、また一九八〇年代の経済の改革・開放の駆動力となった郷鎮企業の振興の提唱者でもある。また、アメリカ応用人類学会マリノフスキー名誉賞（一九八〇年）をはじめ、イギリス王立人類学協会ハクスレー記念賞（一九八一年）、大英百科全書（Encyclopedia Britannica）知識普及功労賞（一九八八年）、日本福岡アジア文化賞（一九九三年）、フィリピン・マグサイサイ賞（一九九四年）と数々の賞を受賞して、世界でもっともよく知られた中国人社会学者である。

北京大学社会学人類学研究所は一九九六年と九七年に費孝通の学術活動六〇周年を記念した国際学会を開催し、費孝通と交友関係を持つ多数の研究者が世界各地から集まった。費孝通の社会学・人類学の理論と方法、フィールドワークの技法に関する論考が報告された。費孝通の論考は選集や文集としてたびたび出版されており、さらに一九九九年には『費孝通文集』全一四巻が編集され、一九二四年に一四歳で発表した散文から一九九九年の論考までほとんどの文章が網羅されている。政治指導者の論集が編纂される中国にあっても、社会学者のものが網羅的に編纂されるのは異例の扱いを受けているといっても過言ではない。

日本においても、費孝通は中国社会学を代表する人としてよく知られている。一九七八年に京都で開催された東アジア学者学術討論会への参加をはじめ、一九八二年に日本国際文化館で開かれた講演会への出席、一九九三年の福岡アジア文化賞の受賞で訪日するなど、日本の研究者との交流は多い。中でも、宇野重昭や鶴見和子は小城鎮研究を欧米流の「近代化論」に代わるものとして、費孝通の活動を積極的に評価している。「内発的発展論」として費孝通の研究を展開したのは特筆すべきことであろう。

費孝通の伝記的研究には労作とみなされる著作が出版されている。費孝通の研究と人物を全体的に把握する一つの試みといえるであろう。しかし、費孝通のパースペクティブの全体像と提起された問題群を明確に描いた研究は、ほとんどないといってよい。日本における費孝通の紹介は小城鎮研究に偏向しているように思われるが、世界的に知られしかも中国を代表する社会学者が、断片的にしか紹介されていないのは大きな疑問となる。このような傾向は、中国の社会学者の中にも見られる。社会学復活後の費孝通の活躍が輝かしいために、それ以前の姿が影を隠したのか、存在が大きすぎて評し難いのか、あるいは、費孝通のモチーフはすでに過去のものだと評価されているのか、一般に「敬して遠ざける」という態度がかいま見られる。

費孝通の学術活動は、一九三〇・四〇年代に新しい知識人としての地位を確立したことに始まり、一九五七年から二〇年間の逼塞の後、一九八〇年代に不死鳥のごとく社会学復活のリーダーとして活動を再開したところにある。費孝通の学術活動の軌跡を見ると、一九四〇年代の中国社会学のもっとも豊饒な時代、そして逼塞させられ学術生命を抹殺された時代、そして復活・再建と、いつも潮流の中心にいたのがわかる。また、一九三〇・四〇年代は、日本においても社会学が民俗学や人類学と密接に関連して成熟した時代であった。中国社会学の氏と育ちは何であるのか、アジアにおける社会学の可能性がどこにあるのかを問おうとしたとき、費孝通の学術活動の軌跡を検証することは欠かせない。

費孝通は自己の学的存立と社会的意味をいつも内省的に顧みてきた人である。自己の学問について、たびたび語っている。その内省の基点となっているのがマリノフスキーに学んだ機能主義、社会人類学の理論である。しかし、費孝通が研究の対象としたのは中国社会が直面する現実的な問題であった。費孝通は社会改良への責任を自認し、「民族自省」の人類学をめざした。全一四巻の『費孝通文集』をたどると、その活動の範囲は社会学・人類学という学術的な領域にとどまらないで、中国社会を解読する社会時評にこそ最大の学的思考力を用いたのではないかと見られるのである。フィールドが遠隔地にあり、対象と距離を置くことができたマリノフスキーの人類学と性格が異なるところである。ここに、マリノフスキーの文化論、社会人類学を継承しながら、他方、決定的に越える視座があった。

本書は、費孝通のパースペクティブの全体像を捉えようとするものである。このために、費孝通がマリノフスキーのライトモチーフをどのように継承し展開したか、中国人研究者が中国社会を研究する社会人類学の可能性をどのように発展させたか、個別のモノグラフ的研究から中国全体を捉える手法をどのように考案したのかという問題群について、費孝通の論考の検討から明らかにしてみよう。また、費孝通の論考は我々の学的存在を深いところから内省させる力を持っているが、現代社会学に必要条件となっている内省的な方法について、その可能性を費孝通の論考から検討してみよう。さらに、費孝通の論考の考察をとおして、一九三〇年代に成長した社会学が、一九四〇年代の社会的崩壊の危機を解読し、約三〇年間の杜絶の後、再び実践的な社会学として躍進しているエネルギーの一端をかいま見てみよう。費孝通の研究実践の検討の中に、アジアをフィールドにするわれわれの現代社会学の可能性を探ることができるに違いない。

しかし、日本で紹介されている費孝通の論考は多くはない。欧米の主だった社会学者の著作は日本語に翻訳されていて簡便に読めるが、中国を代表する費孝通であっても彼の著作を読むのには中国語という困難がある。本書では、読者のためにまず費孝通の論考を丁寧に解析し、概念と技法を顕わにするところから始めよう。費孝通の独特と思われる概念装置と研究技法こそが、欧米の社会学理論を中国社会の解読のための鋭利な武器に仕立てた費孝通の社会学的営為の結果に他ならないからである。

最後に、費孝通の社会学理論の全体像をまとめる機会を与えてくださった監修者の北川隆吉先生に厚くお礼を申し上げる。出版予定を五年も延ばしていただいた。根気よく完成を待っていただいた東信堂の下田勝司社長にも感謝を申し上げたい。当初はもっと簡単に書くつもりであったが、マリノフスキーの機能主義人類学との関連など、もう一度最初から検討してみなければならなくなった。論点はスパイラルに深化してゆき、費孝通ばかりでなく、アジアの社会学の可能性にまでとりとめもなく広がっていった。本書ではこのような広がりの一つの道程をまとめたに過ぎない。一九三〇・四〇年代というアジアにおける社会学の成熟期を振り返ることによって、今あるわれわれの社会学のレーゾン・デートルが反省されるであろう。現代社会学を内省する努力の一つとして、何かしらの貢献ができれば幸甚と思う。

本書に掲載した写真は、聶莉莉氏（東京女子大学教授）のご尽力で費孝通のご家族からお借りすることができた。また、本書の校正には奥井亜紗子さん（神戸大学大学院文化学研究科）の協力を得た。感謝を申し上げる。

著　者

費孝通／目次

第3章 現代社会学と費孝通……103

費孝通
——民族自省の社会学——

第1章　費孝通の人と社会学

マリノフスキーのもとで学んだ時代
（1936年）

1　費孝通の家族・バックグラウンド（注1）

費孝通は、一九一〇年、江蘇省呉江県の県城（現、松陵鎮）で生まれた。辛亥革命が勃発し、清朝が倒される前年であった。一九〇五年には科挙試験が廃止されており、政治ばかりでなく学術的にも文化的にも伝統的な権威が失墜し、近代的な社会システムの構築が模索されているただ中であった。

費家は呉江県で数百畝の土地があり、質屋を経営した素封家だったといわれる。しかし、祖父の代に家産を失って、父費璞安（一八七九〜一九七二年）は呉江県で費家と並ぶ大家であった楊家に養育を託された。費璞安は科挙の生員資格者（地方で行う試験に合格）で、日本に留学している（一九〇五年）。呉江県で最初の中学校を創設し、呉江県議会議長、江蘇省教育庁視学を勤めた経歴があった。母楊紉蘭（?〜一九二七年）は費璞安が託された楊家の娘であった。上海の女学校を卒業後、呉江県で幼稚園を開設した。父母はともに地方社会の社会改良の唱道者、新しい社会を創成する実践家として知られた人であった。

費孝通には三人の兄と一人の姉がいた。長兄費振東（一九〇四〜一九七五年）は上海大学に学んだが、五・四運動で革新的な活動家として参加したために白色テロに命を狙われ、インドネシアに逃れた（一九二七〜一九四八年）。一九四九年に帰国し、中国人民政治協商会議や僑務委員会の役職に就いた。次兄費青（一九〇六〜一九五七年）は上海東呉大学法学院を卒業後、ドイツに留学した。帰国後は、北京大学で法律学の教授を務めた。三兄費霍（一九〇七〜一九六六年）は蘇州工業専門学校を卒業後、建築技師として働いた。姉費達生（一九〇五〜）は蘇州女子蚕業学校を卒業後、日本で養蚕技術を学び、養蚕技術の改良と農村での工業合作運動に貢献した。費達生が合作運動を進めていたのが、費孝通の代表作となった *Peasant Life in China*（1939）のフィールド開弦弓であった。費達生が村人から篤い信頼を受けているのを実際に見聞したことが、費孝通が農村改造を構想するのに大きな影響を与えたといわれている。

費家は祖父の代に財産をすでに失っており、生活は決して楽ではなかった。しかし、費孝通は当時の家庭について次のように記している。「母が重い病気にかかったおり、兄たちに年間の家計簿から統計的な分析をさせ、支出の変動曲線を描かせた。そして、朱線で教育費用が抜きん出ているのを示した。母はこの表を示して、理財の原則は支出のために収入を計ることにある。まずもって教育費用を控除して、残余の額でその他の費用をまかなうのだ」と語ったという。父母、祖母、祖母の妹、そして彼ら兄弟五人、九人の家族を父の給与に頼らねばならなかったにもかかわらず、費孝通をはじめ兄と姉にすべて大学と専門教育を受けさせた父母の言行を忘れえぬ思い出として語っている。

費孝通は東呉大学付属一中を卒業した後、北平（北京）協和医学院入学のための予科コースに進学した。しかし予科課程を修了すると、医学から社会科学に進路を変更し、一九三〇年に燕京大学の社会学系に入学した。

費孝通は社会学を志した理由を、次のように説明している。「医学というものは、人々の社会的環境よりもその健康状態を問題にするものである。一般に医者は、患者の症状を診断し、それに応じた処方箋を書くこと以上のことは何もしない。医者は、患者の生活状態や患者の病気に影響を与えているかもしれないその他のさまざまな社会的要因について、あれこれと詮索するようなことはしないであろうし、またそうすべきでもない。当時の社会の状態を見て、私はこのような医者という職業には満足できなくなった。私は、人々の病気の原因は単にヴィールスや細菌のみに帰することができるものではなく、むしろ貧困や栄養不良、その他諸々の社会悪にこそより大きな原因があるのであり、病気の根絶はまずはじめにその原因となっている社会的要因を除去することなしにはとても不可能なことだと考えたのである」（「序文」小島晋治ほか訳『中国農村の細密画』、一九八五年）。社会問題を解決するには、現状を経験的に事実から把握し、将来を正確に構想し、そして人々の活動を方向付ける必要があるが、このような実際的な機能を持つところにこそ社会科学の存在意義を認めようとしている。費孝通は社会改良のための実践的な責務への自覚を強く表明しており、費孝通の書いた論考の多くは啓蒙的社会時評の性格を強くしていたのである。

2　中国社会学の展開と費孝通（注2）

中国における社会学はアメリカのミッション系大学を中心に一九〇〇年前後に創立され、一九二〇年代から本格的な社会調査が実施された。清華大学のC・G・ディトマーによる北京の生活費用調査、燕京大学のI・S・バージェスやS・D・ギャンブルによる北京社会概況調査、南京金陵大学J・S・バックの指導による安徽省一〇二戸の農家調査など、社会学的調査がつぎつぎと成果を挙げていた。

費孝通が燕京大学に進学した一九三〇年の中国社会学は、孫本文（一八九一年生）、陳達（一八九二年生）、呉澤霖（一八九八年生）、潘光旦（一八九九年生）、呉景超（一九〇一年生）、呉文藻（一九〇一年生）に率いられていたが、彼らは三〇歳から四〇歳で若いエネルギーに満ちていた。燕京大学の社会学が『社会学界』を刊行したのは、一九二七年であった。また、一九二九年に『社会学刊』（季刊）が発行され、一九三〇年に中国社会学社が組織された。燕京大学では、シカゴ大学社会学教授のロバート・パークが集中講義に来ていた。集中講義は一九三二年九月から一二月という短期間ではあったが、費孝通をはじめとする社会学者に大きな影響を与えたものと思われる。『初訪美国』（一九四六）では、一九四三年にシカゴ大学のパークの研究室を訪れたことを感慨深く回想している。

中国における社会学の提唱は「社会学運動」と呼ばれることがあった。一九三〇年代の中国社会学の展開は、軍閥による分割割拠、日本の侵略、農村の疲弊が、中国社会を崩壊させた時期に重なる。『社会学界』や『社会学刊』に掲載されている論考は、貧困、不具、過剰人口、農村の疲弊、労働、疾病、教育、家庭・婦女、浪費、人生観など現実のさまざまな問題を扱っており、社会問題を活写するルポルタージュの性格が強い。社会的崩壊を回避し、社会改革の具体的な方途を社会学の科学的理論によって導き出そうとする現実的な研究は、「運動」と称されるのにふさわしい課題であったに違いない。

また、彼らに共有された問題は、「社会学の『中国化』」であった。孫本文の『当代社会学』（一九四八）によれば、当時、社会学を講じた教授一四三人のうち、留学経験者は一〇七人に上っている。アメリカ国籍を持つ一二人を除くと、八割以上のものが留学経験を持っていたのである。留学先ではアメリカが圧倒的に多く七一人、ついでフランスが一三人、日本が一〇人である。中国社会学がアメリカ社会学の影響を受け、欧米の理論に親近感を持っていたことを予想することができる。

伝統的知識と文人的教養に取って代わる新しい学術権威を求めた近代知識人の姿をかいま見ることもできよう。しかし、中国社会学者の関心は、西欧の社会学理論を精緻に検討するというよりも、むしろ欧米の社会学理論でもって中国社会の諸問題を実証的に解読するところにあった。中国社会の分析は、中国の家族と社会の構造、秩序の論理を離れることはできない。アトミックな個人を前提にした欧米の社会学理論をそのまま持ち込むことが困難だったのであろう。中国社会学においては、家族における人間の存在形態、関係の論理、集団の構造こそが、自らの社会の自己認識を理論化する社会学理論として概念化される必要があったのではないかと考える。この点、中国社会学者の関心と欧米の理論にはある種の乖離があったのであるが、欧米の社会学理論との距離を、中国における新しい社会学の創出として「社会学の『中国化』」の言葉の中に積極的に表現したのであろう。燕京大学では一九三三年に呉文藻のもとに燕大社会学社が組織され、社会問題の実証的研究と「社会学の『中国化』」が進められていた。費孝通は、当時学生であった林耀華、楊慶堃（坤）、黄迪などとこれに参加しており、費孝通はこのような時代の熱気の中に自らの学的基礎を形作った。

費孝通は、一九三三年に燕京大学社会学系を卒業し、清華大学大学院に進学した。燕京大学に提出した卒業論文は「親迎婚俗之研究」であった。地方誌資料から婚姻風俗に関する資料を収集し、花婿の代理が花嫁を迎えに行く儀式の分布を論じて、漢族の分布、移動、文化伝播を検証している。

清華大学に進学した契機の一つは、パークが紹介したアメリカにおける現地調査の研究技法に関心を持ったからで、人類学を学ぶ転換となったと回想している。清華大学では社会学及人類学系となっており、社会学と人類学とを切り離さないで学ぶことができ、人類学の方法で中国社会を研究することができるのではないかと考えたという。費孝通は社会学と人類学とが連続するところに、中国社会を実証的に研究する「社会学の中国学派」の基点があると見ている。

清華大学は一九一一年に設立され、義和団事件の賠償金を基金として中国人学生をアメリカに留学させる制度の母体となった大学である。清華大学出身の社会学者には、陳達（一八九二―一九七五：コロンビア大学）、呉澤霖（一八九八―一九九〇：ウィスコンシン大学）、潘光旦（一八九九―一九六七：コロンビア大学）、呉景超（一九〇一―一九六八：シカゴ大学）、呉文藻（一九〇一―一九八五：コロンビア大学）がおり、中国社会学の中核を担った人たちである。また、潘光旦、呉文藻は費孝通の教師として影響を与えたばかりでなく、一九五七年に始まる反右派闘争時には、右派社会学者として辛苦をともにすることになるのである。

費孝通は清華大学社会学・人類学教室でシロコゴロフ（Sergei Mikhailovich Shirokogorov）の指導のもとに学んだ。シロコゴロフはロシア出身の民族学者で、北方ツングース族（エヴェンキ）研究の専門家であったが、ロシア革命の後、中国に逃れていた。費孝通はシロコゴロフのもとで形質人類学を二年間学んだ。引き続いて、言語人類学、文化人類学の課程を履修する予定であったが、シロコゴロフによる指導は中途で終わった。二年目を修了したところでシロコゴロフは長期休暇をとって欧州に旅行し、後に、著作活動の拠点を上海に移した。他方、費孝通は広西チワン族自治区瑶山地区（金秀瑶族自治州）の瑶族の調査に出かけ、形質人類学の手法を用いたフィールド調査を実施した。しかし、現地で妻を亡くし自らも負傷したために、蘇州付近の開玄弓での養蚕合作運動を中心にした調査に切り替え、ロンドン大学に留学した。一九三八年に帰国したが、戦争と内乱が激しくなり、両者が大学で再会する機会を失ってしまった。シロコゴロフに学んだ人類学は、身体の計測、統計、分類の段階で終わったが、社会文化や民族への関心と基礎概念を学んだという。身体的特徴類型が人口移動、文化の伝播と密接に関わっており、文化を全体的に解釈する方法に導いた。後に、マリノフスキーに学んだ文化論、機能主義を受け入れる素地を形作ったのだと回想している（『従史禄国老師学体質人類学』、一九九四）。

3　政治の混迷と三度の瀕死

費孝通は三度死の危機に瀕した。一度目は、一九三五年、広西チワン族自治区瑶山の調査で、夜道に迷って虎を捕獲する罠に落ち込んだ時である。足を石に押しつぶされ、身動きができなくなった。救援を求めて下山した妻の王同恵は、川に転落して溺死した。費孝通は村人に発見されて一命を取り留めるが、左足の関節を打ち砕き、後遺症を残したのである。二度目は、費孝通が李公朴、聞一多、潘光旦らとともに中国民主同盟の一員として活動した時期である。中国民主同盟は一九四四年に結成され、文化教育界の知識人に支持された民主党派の一つである。日本軍の撤退の後は、国民党と共産党の内戦を阻止し、国民党政府の専制、独裁に反対する活動をした。当時、民主諸党派に対して国民党特務機関による白色テロが凶暴さを増していた。一九四六年七月一一日に李公朴が、七月一五日に聞一多が相次いで暗殺された。費孝通は聞一多が暗殺される銃声を聞き、間一髪のところで逃れることができたという。三度目は、一九五七年に始まった反右派闘争で反党・反社会主義のレッテルをはられて以来、文化大革命が終結する一九七六年まで、二〇年間におよんで研究の自由を剥奪された期間である。社会的な活動が許されたのは、一九八〇年になってからのことであった。この四七歳から六六歳の間、人生の中でもっとも実り豊かなはずであった時期に社会から隔絶させられ、自尊心までも剥ぎ取られた。

三度の瀕死は、費孝通に大きな転換を経験させた時期に重なる。一九三五年の妻の死亡と自身の負傷は、療養をかねて滞在した開弦弓で養蚕の工業合作運動との出会いを生み、費孝通の代表作と

なった *Peasant Life in China* に結実した。それはまた、シロコゴロフから学んだ形質人類学から中国社会の社会人類学的研究への転換であった。ロンドンから帰国した後、疎開先の雲南大学で若い社会学者と農村調査を手がけたが、一九三九年から四一年にかけて実施した『禄村農田』(費孝通、一九四三)、『易村手工業』(張之毅)、『玉村農業和商業』(張之毅)は、社会学、人類学、民族学の手法を用いた精緻なモノグラフ研究として開花したのを示している。

二度目の生命の危機となった一九四六年当時、費孝通はすでに中国民主同盟の活動家として『大公報』など有力紙を場に文筆活動をしており、多くの愛読者を引きつける文筆家となっていた。戦乱から平和を取り戻し、農村の疲弊を救い、中国社会をどのように再建するかという課題に実に多くの論評を書いている。雑誌に掲載された社会時評は、『内地農村』(一九四六)、『民主・憲法・人権』(一九四六)、『重訪英倫』(一九四七)、『郷土中国』(一九四七)、『生育制度』(一九四七)、『美国人的性格』(一九四七)、『郷土重建』(一九四八)として矢継ぎ早に出版され、若い読者を魅了した。この時期、費孝通は社会学者としてばかりでなく、ジャーナリストとしての力を発揮し、大衆的な作家としての性格を備えたのである。

反右派闘争と文化大革命による三度目の危機は費孝通を打ちのめし、家族にも大きな被害をもたらした。一九五七年の反右派闘争では、欧米の反動的機能主義理論を唱道する人類学者、改良主義者、人民の敵、社会主義の裏切り者として社会的威信を剥奪された。執拗な批判を受けたが、中央民族学院の同僚からさえ、欧米に媚を売る人類学者として痛烈な批判を受けている。中国民主同盟の同志でもあった潘光旦は一切の家具を没収され、費孝通とともに残された部屋で生活することになるが、一九六七年に持病の前立腺炎を悪化させ尿毒症で死亡した。費孝通自身は、中央民族学院内に監禁状態に置かれ、草むしりと便所掃除をあてがわれた。一九六九年から一九七二年まで湖北省漢口にあった「五・七幹校」（幹部のための労働改造校）に送られ、外の世界から隔絶された。この間、「家屋を建てたり、綿花を育てたり、食事の準備をすることができるようになったが、この他に何の目的もなく生きていた」、「智力は衰退してしまった」と回想している（'A Conversation with Fei Xiaotong', 1988）。一九七二年に北京に呼び戻され、この悲劇を越えて再び学術活動を取り戻した。反右派闘争と文化大革命の中で学術生命を全面的に否定された費孝通は、復活後の活動を「第二の学術生命」と呼んでいる。

一九八一年に江蘇省呉江県開弦弓を訪問し、江南における農村工業の調査を開始した。一九八四年に「小城鎮　大問題」「小城鎮　再探索」「小城鎮　蘇北初探」「小城鎮　新開拓」を発表して、農村工業を振興するための基本問題を明らかにしたのである。これにつづいて、内モンゴル、甘粛の辺境地域を訪問して『辺区開発与社会調査』（一九八七）を出版した。すでに七五歳を越していた費孝通は残された命を惜しむかのように、南は広東、北はハルピンと全国を行脚してまわった。農村の工業化は一九四八年に発行された『郷土重建』ですでに主張されたテーマである。しかし、一九八〇年代における費孝通の主張は、政府の経済振興の理論的な基盤となり、実践的・政策的な意味を帯びてくる。小城鎮研究は政府の全面的なバックアップのもとに、全国的な規模で展開したのである。この点で、費孝通の書くものは研究書としてよりも実践的・政策的なものとして読まれるようになった。

社会科学と政策との関連について、費孝通は次のように語っている。郷鎮企業の重要性を主張した時、計画経済に反し、社会主義経済を解体するのではないかと憂慮する人もいた。しかし、郷鎮企業は農村の社会生産を高める原動力となっているので、これを受け入れる必要があった。社会科学者は事実の道理を明らかにし、新しい事態を記述、分析しなければならない。このようにして政策立案者に提案を建議しなければならない。社会科学に従事する者は社会経済の効果と利益を高める実践を研究し、その成果でもって他地方の改善のための方策を建議するところにあるという。一九八〇年代以降、費孝通は郷鎮企業の発展の可能性を全霊の力を込めて開拓し、中国における応用人類学という新たな分野を開拓したといえるであろう。このように見ると「第二の学術生命」という形容には、啓蒙的社会時評の文筆家から社会科学の応用的実践家への命をかけた変身と自負が表されているといえよう。

4　中国社会学の復活

費孝通は自らの学術経歴を語った論考を数多く残している。主なものだけでも、アークシュの *FEI XIAOTONG and Sociology in Revolutionary China*（1981）に対する書評として『我看人看我』（一九八三）、自らの経歴を論じたものに『従事社会学五十年』（一九八三）、『社会調査自白』（一九八五）、『江村五十年』（一九八六）、パスターナクのインタビューによる'A Conversation with Fei Xiaotong'（1988）、中国の社会学・人類学の可能性について『人的研究在中国』（一九九〇）、『個人・群体・社会――一生学術歴程的自我思考』（［一九九三］一九九四）、『略談中国的社会学』（一九九三）、『関于人類学在中国』（一九九三）、シロコゴロフについて学んだ経験は『従史禄国老師学体質人類学』（一九九四）、マリノフスキーの機能主義に関して『従馬林諾斯基老師学習文化論的体会』（［一九九五］一九九六）がある。自らの学術経歴を述懐しているのであるが、出版された論考の多さからすると、過剰な饒舌とも感じる。費孝通が自らの学術経歴を語る饒舌さは、反右派闘争と文化大革命によって剥ぎ取られた自尊心を取り戻し、社会的活動から隔離された二〇年の空白を埋め合わせようとしているのではないかとすら思える。

一九七九年三月に社会学の復活を企画して、一九四〇年代に社会学者として名を連ねた学者が座談会を開催した。一九五二年に社会学が実質的に禁止されてから、実に二七年の歳月を経ている。かつて社会学の中国化のために奮闘した同輩の多くは、すでに亡くなっている。呉文藻、林耀華、李景漢などは存命ではあったが、七〇歳から八〇歳の高齢に達していた。また、文革中に互いに批判を強要されて、傷ついたものも少なくなかった。大学図書館に文献もなく、三〇年近い空白をどのように埋め合わせて新たに社会学を再建できるのか、課題は大きかった。一九七九年に中国社会学研究会が創立され、一九八二年に中国社会学会として新たな出発をした。費孝通は会長に就いた。この間、復旦大学、中山大学、北京大学、南開大学に社会学系が設置され、少しずつではあったが社会学が復権されていくのである。しかし、若い世代には社会学の学問的な訓練を受けたものは少なく、教育においてはむろん実務においても社会学復活の中心に費孝通は立たざるをえなかった。対外的には、一九八〇年に米国応用人類学会マリノフスキー名誉賞を受賞、一九八一年英国王立人類学協会ハクスレー記念賞を受賞するなど、中国社会学の「顔」としての活動を求められた。学会長としての講演活動や会議の挨拶、海外での記念講演で選ばれたテーマが、先に紹介した自らの学術経歴であった。これらのテーマから分かるように、自らの学術経歴を語るという経路をとおして、中国社会学の自尊心を取り戻し、中国における社会学の成り立ち、レーゾン・デートルを論じていたのである。

費孝通は中国の社会学が担わなければならない理論的な課題として、中国の文化構造における社会変動の問題、全体性の理解と複眼的視野の必要、社会科学における応用・実践との連携の問題を提示している。中国の社会理論を構想する時、たとえばデュルケムの集団表象に見られる同時代的・平面的な集団の凝集力ばかりでなく、世代を越えた集団の垂直的な連続性も考慮に入れなければならない。また、農民が大多数を占める中国社会における社会発展の道を模索するならば、郷里を離れ、土地から離れた産業化と都市化のベクトルの中のみで考えることはできない。費孝通は、ここに欧米の社会学理論を直截に導入し、社会発展の図式を模倣するばかりでは解決することができない問題があると見ている。また、現状の精緻な理解と概念による正確な分析は、調査表を用いた調査のみでは不可能で、まず、モノグラフ研究の蓄積が不可欠であると主張する。費孝通のこれらの見解は、一九三〇・四〇年代に中国社会学が「社会学運動」、「社会学の『中国化』」と呼んだモチーフに連続している。これら中国社会学に通底する研究関心を簡潔に言い換えれば、次のようになるのではないかと考える。中国社会の現実的な社会学的分析をとおして概念化される社会学的想像力、理論、概念体系は、必ずしも欧米の社会学と同類のものとはならないであろう。しかし、欧米の社会学理論では見えなかった現実を姿に現すことができるのではないか、この経験から構築された社会学理論でもってすれば、従来のパースペクティブでは隠されていた事実を明らかにすることもできるといえるのではないか。ここに中国社会の実証的研究から社会学理論を構築する意義を見据えることができよう。また、アジアをフィールドに研究する社会学研究の可能性を見ることができるのである。費孝通の再読は以上のような費孝通のパースペクティブを発見し、読む者の問題関心を照射するが故に、費孝通に対する敬虔な戦慄を引き出しているのではないかと考える。

（注1）費孝通の伝記的研究は力作がすでに公刊されている。本書では、次の三点を参考にした。
R. David Arkush 1981 *FEI XIAOTONG and Sociology in Revolutionary China*, Harvard University Press.（董天民訳『費孝通伝』時事出版社、一九八五年）
Burton Pasternak 1988 'A Conversation with Fei Xiaotong' in *Current Anthropology*, Vol.29 No.4.（潘乃穆訳「経歴・見解・反思」『費孝通学術文化随筆』一九九六年、所収）
張冠生（二〇〇〇）『費孝通伝』群言出版社

（注2）一九三〇・四〇年代の中国社会学の現状は、次の論文に詳しい。
佐々木衞編・解説、南裕子訳（一九九八）『社会学調査研究全書15　中国の家庭・郷村・階級』文化書房博文社

西澤治彦（一九八八）「漢族研究の歩み―中国本土と香港・台湾」『文化人類学』五号、アカデミア出版

なお、当時のシカゴ大学で人類学を講じていたラドクリフ・ブラウンが一九三五年から一九三六年にかけて燕京大学に滞在し、コミュニティ研究を紹介した。『社会学界』第九号（一九三六）はラドクリフ・ブラウン記念特輯号を編集している。ラドクリフ・ブラウンは燕京大学の社会学・人類学に大きな影響を与えたと思われるが、費孝通の論考には、この事実への論及がない。

第2章　費孝通の社会学理論

1943-1944年、アメリカ訪問時の費孝通

1 『生育制度』――マリノフスキー理論の継承と展開

(1) マリノフスキーの費孝通に対する評価

費孝通は、呉文藻の推薦で一九三六年から三八年にかけてロンドン・スクール・オブ・エコノミクスに留学し、マリノフスキーのもとで学んだ。その成果は、学位論文 *Peasant Life in China: A Field Study of Country Life in the Yangze Valley* (1939, 仙波泰雄・塩谷安夫訳『支那の農民生活』一九三九) として出版された。本書の序文において、マリノフスキーは次のように高い評価を与えている。人類学はこれまで遠く離れた未開社会を対象としてきたが、ファシズムの蚕行が席巻しようとしている現代では、近代社会の実態的研究と文化に関する理論的研究が不可欠であるが、本書はこのような実践的社会学および人類学を体現している。さらに、「費孝通博士の生気に満ちた立派な文章とともに明快で説得的な議論を、真の賞賛と時には羨望とをもって読んだ」(一九三九) と賛辞を表している。この賛辞は、日本の侵略、国民党政府の腐敗とテロへの費孝通の危機意識に、マリノフスキーの母国ポーランドに侵攻するナチへの危懼の念、西洋近代文化への危機感とが呼応しており、マリノフスキーの費孝通に対する人格的信頼を推測できる。また、マリノフスキーの序文はわずか八ページからなる短いものだが、未開社会 (savage) の記述を本旨としてきた人類学はある種のロマンチックな逃避ではなかったかと反省し、時代の課題に対応して西洋近代社会を調査の対象とすること、また自文化の内省的な研究の可能性、さらに、時代の診断に科学的検証を基礎づける応用人類学・実践人類学の提起など、人類学が新たに切り開くべき課題を簡明に提出している。これらの課題はマリノフスキーによって直接究明されることはなかったが、以後、文化人類学のレーゾン・デートルを問うものとして多方面からの論争を引き出した。費孝通は人類学を、中国の貧困からの脱出と新しい社会秩序を創成するための実践的な科学として捉えていた。マリノフスキーの提起した課題を自身の研究を貫く基調とし、マリノフスキーの人類学の継承を自認したのである。

マリノフスキーの文化論と機能主義論への論究は、費孝通の一九八〇年代以降の著作の中でたびたび繰り返されている。リーチが投げかけた中国人類学者による自文化・社会の研究の妥当性への質疑に対する費孝通の応答（「人的研究在中国」一九九〇）（注1）、実在する社会と活動主体としての個人の二重性の問題（『個体・群体・社会』［一九九三］一九九四）、一九八〇年にマリノフスキー名誉賞を受賞した時の記念講演（『従馬林諾斯基老師学習文化論的体会』［一九九五］一九九六）などは、いずれも中国における人類学の可能性を自らの研究経歴と生活体験の中からつかみだそうとした論考である。その機軸として内省の基点となるのが、マリノフスキーの文化論と機能主義論である。だが、費孝通によるマリノフスキーの文化論と機能主義論の継承と離脱を論じる前に、マリノフスキーのライトモチーフである性、婚姻、家族のテーマを費孝通がもっとも直截に展開した『生育制度』（一九四七、横山廣子訳『生育制度』一九八五）から検証しよう。

（2）費孝通の「生育制度」

『生育制度』は、家族の絆の本質と構造を、中国人が一般に日常的に経験する家族の具体的な様態、そして費孝通が最初に人類学調査に入った広西チワン族自治区の少数民族における見聞、故郷の江蘇省呉江地方の人々の生活から考察したものである。すなわち、「何億万人もの中国人の心の中に存在している」社会観に根ざした家族論を構築してみようという試みである。むろん中国の文化という個別性を強調することになるが、しかし、西洋の文化と社会観をもってしては見えない現実を明らかにすることも可能である。「根本的違いの原因が異なる文化の異なる社会観に根ざしている」。費孝通はまず中国の文化にある社会観から見えることの可能性に注目している。

本書には、「生育制度」、「社会継替」、「世代参差」をはじめ、「双系養育」、「基本三角形」、「家族の暫時性」、「単系の偏重」など、費孝通の独特の造語や特別の意味を担った用語が使われている。これらの用語は、家族の存立を「性愛―結婚―家庭―養育」という男女の個人的な関係から見るのではなく、社会の新陳代謝という社会的過程から考察するという費孝通独自の視点を表現している。

以下、まずは『生育制度』の論点を摘要してみよう。

中国文化の社会観からすると、結婚を男女の個人間の契約関係とみなすことはできない。「伝宗接代（祖先を代々伝えていく）」、「前有祖宗、后有子孫（祖先があって子孫がある）」という俗語にあるように、「婚姻不是件私事（結婚は私事にあらず）」と観念されている。また、個人と社会との関係についていえば、社会は個人によって形成され、人間がいなければ社会も存在しない。しかし、多くの個人が集まって共同生活を営む集団を形成するなら、個人を凌駕し個人を支配する実体が発生する。社会は個人がそこで生まれて死ぬ、絶え間なく新陳代謝をする永続的で安定した実体であり、社会は個人の間の契約的結合によっては成立しない。人類社会には、個人に生死がある一方、社会は継続していかねばならない矛盾、つまり生物としての個人と社会集団との間の矛盾を解決する一連の方法が必要なのである。したがって、家族の本質はこの基本的矛盾を分析することによってのみ捉えられる、と問題を設定している。

集団の新陳代謝ために社会は新しい成員を再生産する方法を持たねばならないが、「生育制度」はこの社会的な過程をいう。「社会の新成員の再生産には生物的な生殖と社会的養育を経なければならず、新成員の誕生に対しては社会の批准が必要である。また社会の成員を養成するには、なおさら社会的養育は欠くことができない。そこで『家』が出現する。男女に家庭を持たせるには社会の定める結婚の手続きをとり、さらに社会の定める異性関係にしたがわなければならない」。費孝通の提出した観点は、一般に認識されている連鎖の逆で、「養育―家庭―結婚―性愛」となる。

子どもの養育は、母による授乳という直接的な生理的養育から、社会的知識と行動様式の伝達という社会的養育がある。生理的栄養供給は母による単系的な養育ということができるが、社会的な養育には生育の制度が必要になる。男女による持続的な分業と協同による養育活動があってはじめて完全な養育が可能となる。このような長期的な父母双方による養育が夫婦を成立させ、家族を築く。婚姻の目的は社会的父を確定することにある。異性関係は婚姻をもって始まるものではない。また、夫婦間のみには限られない。しかし、婚姻前や婚姻関係以外で子どもを持つことは許していない。人類社会において一つの普遍的な原則があるが、それは夫のいる女性だけが子どもを産む権利を持つということである。

夫婦の関係は男女の性愛からのみ成り立つのではなく、子どもに共同で責任を負う協同関係であると見れば、子どもの出生ではじめて正常な夫婦関係が完成し、夫婦の全面的共同生活が安定し充実する中国の一般的な現実を明確に描き出すことができる。夫婦関係は子どもの存在を前提とし、親子の関係は夫婦関係の存在を必要条件として成立していると説明することができよう。夫婦と子どもを線で結ぶ三角形ができるが、これらの三辺はどれも欠かすことはできない。子どもが誕生しないこともあるが、安定した夫婦関係の社会的な通念は子どもの存在を前提としている。この基本三角関係を、人類学では概念上家族と呼んでいるのである。

一夫多妻の風習がある地域において、多妻制が妾制と区別されるならば、一人夫に対して複数の妻がそれぞれ個別に基本三角形を構成しているものと見ることができる。一妻多夫においても同様で、多妻は多母ではなく、多夫は多父でもない。複数の男と一人の女、あるいは複数の女と一人の男との結合があっても、個別の家族関係が一人の男、もしくは一人の女を核にして複合しているのであり、家族の基本三角形の原則から逸脱してはいない。

中国人にとって、家族は多少とも恒久性を有している。父の家であり、自分の家であり、そして息子の家は、祖父や父の死によって断絶することはないからである。しかし、基本三角形の構造は、暫時的性格を持つ。子どもは成長すると父母との三角形を出て、新しい三角形をつくらねばならない。三角関係の破綻は、その機能の完成なのである。

家族集団には社会的養育ばかりでなく、他の機能も担うために、日常の密接な共同生活において堅固な集団となる。もしあまりに堅固であると、子どもの社会的養育と新しい三角形の形成にとっては大きな障害となる。このジレンマの瀬戸際において、社会には別の解決方法が準備されているのである。成年式は子どもを父母から引き離す儀礼であるが、家族が子どもの成長の後に崩壊せねばならない定めを後押しする機能（「社会的離乳」）を果たしている。

新しい社会成員を供給するのが生育制度である。新成員がコミュニティに受け入れられるには、旧成員はその職位を新成員に譲らねばならない。これを継替過程と表した。社会成員の新陳代謝が原因で社会秩序を混乱させないために、継替過程には一定の規則がある。親族体系は、継替資格の制限にしばしば用いられる。親族構造の特徴は、各人が皆、自分の親族体系の中心であり、各個人間には同じ体系があるが、同じ座標はないという点にある。親族中に自己との関係が親疎の程度において全く同じ二者はいない。親疎の程度は同様でないばかりか、一定の順序がある。親族原理を用いて継替のしくみを規定するなら、職位の交替は混乱することなく進行する。言い換えるなら、親族体系は継替原則として利用されるがゆえに、多くの継替の秩序に適合した、世代別、男女別、単系の偏重、親疎の程度別など、それぞれのコミュニティに特徴的な構造的秩序を発展させたといえる。

家族における子どもの養育は父母が協同で責任を負い、双系的な構造を持ち、息子と娘も同等に位置するので、男女の性別で区別できない。しかし、親族体系による継替は単系が偏重され、それゆえ、子どもの養育は多少なりとも性別による差別、また出生順の差違を受けざるをえない。このように、養育における双系と継承における単系の偏重の複層性、兄弟間の協同と衝突など、家族の構造は矛盾を孕むのである。

養育活動は家族に限定されるのではない。養育活動が家族の外に押し出され、生育と婚姻によって結ばれる人の手を借りるようになると、親族が形成される。親族という語は、親密な感情的なつながりを持つ同じ集団に属すという意味を含んでいる。さらに、親族分類に用いる語、すなわち親族名称は、親族関係のない者に対してさえ用いられるが、「少し親しみをこめて呼ぶ」ところにある。これは「親族の順次的な拡大発展」と見ることができる。つまり、親族名称が持つ親密な感情と権利義務の関係を、言葉の力を借りて創造拡大するのである。

養育活動を通じて広がる親族は、家族との連続の中にあり、一般に双系性を基礎に持っている。これに対して、経済的、政治的組織であり、共同の利益を守り、共同の目的を追求するために組織されるものとして、氏族がある。これは実生活上の互助協力の範囲を越えており、法律によって親族関係を維持するようになる。こうした経済と政治によって組織された親族関係は、第二次拡大発展ということができ、単系原理がはじめて存分に発揮される。

家族、親族、氏族の関連をまとめると次のようになる。親族は一つの社会関係であり、家族と氏族は親族にもとづいて組織される二つの集団である。家族と氏族の共通点はそれらが親族関係にもとづいて組織されることで、組織内の成員は生育あるいは婚姻の関係を有する。しかし、この二つの集団には構造形態上に違いがある。つまり、家族が双系であるのに対し、氏族は単系である。また、活動における違いもあり、家族は養育のための活動を行うのに対して、氏族は経済と社会のための活動を行うところに組織される。

以上が、『生育制度』で述べられている家族論の概要である。

(3) マリノフスキーの「生殖制度」

さて、マリノフスキーの性、婚姻、家族はいかなるものであろうか。

マリノフスキーの家族論には、*The Sexual Life of Savages in North-Western Melanesia*（1929, 泉靖一・蒲生正男・島澄訳『未開人の性生活』一九九九）をはじめ、雑誌 *Man* に掲載された 'Kinship'（1930）、そしてカールバートン（Calverton, V. F.）とシュマルハウゼン（Schmalhausen, S. D.）が編集した *The New Generation* の中に収録されている 'Parenthood–The Basis of Social Structure'（1930, 青山道夫・有地亨訳「社会構造の基礎としての親子関係」『未開家族の論理』一九六〇、所収）などがある。

『未開人の性生活』は一九一四年に着手したメラネシアのトロブリアンド島での調査にもとづく原住民の性、婚姻に関するモノグラフである。当時の進化論と文化伝播論で通説とされた未開人の性的自由、群婚に対して、未開社会における家族と道徳、制度、秩序の形成を検証するものであった。彼らの日常生活を全体的に描くという目論見の中に、性愛の自由と抑制、子どもの生育には社会的父が不可欠なこと、男女の永続的な結合と排他的な家庭生活、母系親族における財産・呪術の継承秩序と父子間の親密な感情との齟齬や衝突、そして性愛における彼らの道徳と作法が生き生きと記述されている。

「社会構造の基礎としての親子関係」は、モノグラフ的記述をもとにトロブリアンド島民に見られる家族・親族関係の構造を論理的に整理するところに趣旨がある。主な論点は次のように整理できるであろう。

婚姻は、社会的に認められた合法的な子どもの出生のための必要条件であるという。性生活の自由と母となることとの自由との間には人類のすべての社会において鋭い区別がなされており、受胎は結婚前の性交の結果として、自然の成り行きに任される過程ではない。母は生理学的な母性の延長にあるのではない。つねに責任を一個の女子に課し、そしてその母たる資格に対する生理学的要求以上に社会学的あるいは文化的母として彼女を定める。また、いかなる子どもも、社会学的父(sociological father)の役割を担う人、すなわち、監護者でありかつ保護者であって、子どもと社会の爾余の人々を結びつける一人の男子なくしてこの社会に生まれるべきものではない。つまるところ、婚姻の本質は「嫡出の原理(the Principle of Legitimacy)」の承認、言い換えれば、社会学的母と社会学的父とを認めるための法的な契約にある。

子どもの成長につれて道徳的および社会的な教育、世代間の「社会的継続性（social continuity）」が重要になるが、養育の過程は父母の手から親族の手に拡大していく。それにともなって、家族関係は養育における双系的な家族の広がりと法的側面における単系的な構造を形成していく。この二つの過程は相互に反撥するが、互いに複合しながら社会的な規範、個人的な感情や習慣の中に衝突したり摩擦を起こして、複層的な現実を構成する。

親族呼称は親族関係の紐帯を他の関係に広げ、紐帯に内包された親密さを社会的に実現する機能を持っている。親族呼称を用いた関係の比喩は、たとえば神を父と呼ぶのは神が慈悲深く、父の感情を持って応えられんことを期待するのに等しい。このような拘束的比喩の原則が親族関係の中に展開して、部族を統合するような擬制的な同一性を生み出す。

以上のマリノフスキーの論点を要約すれば次のようになる。すべての現象、つまり性、男女関係、親子関係、氏族関係および級別式親族呼称は、それを相互的関連のうちに考察するならば、一つの巨大な「生殖制度（procreative institution）」の部分としてのみ理解されうるということである。そしてこの制度の核心は人間の家族である。すなわち、それは文化的に限定された親子関係と社会的契約としての婚姻である。この複合した制度の主な機能は人類の継続であるが、この生殖的機能への直接の依存関係においては、家族は子どもに部族生活に適する文化的適格を与え、そしてまた共同体の機構における教育に対する発動力として作用することを意味する。

(4) 費孝通の文化論とマリノフスキー

費孝通の「生育制度」とマリノフスキーの「生殖制度」を並べて読むと、いずれも父母と子どもからなる家族、つまり基本三角形を本源的なものとし、人類共通に存在するものとしているのがわかる。複婚は一人の男性と一人の女性との間における法的契約に基礎を置く。また、婚姻は社会的父と社会的母を限定するための契約関係であり、子どもの養育とこれによる社会継承にその本質的な機能を見ている。子どもの養育では父母はともに責任を持ち、双系的な関係を形成する。しかし、親族が社会的な地位や財産の配分、政治的・社会的な集団の構成に関わるところでは、単系の構造が強調される。さらに、性の自由と禁制、婚姻、子どもの誕生と養育、家族、親族を、「生育制度」あるいは「生殖制度」から全体的に相互に関連づけて解釈しようとする方法的態度も共通している。これらを見ると、費孝通の「生育制度」は、マリノフスキーの「生殖制度」からライトモチーフを受け継いでいるのが明らかである。

しかし、費孝通は、「(社会成員の再生産の)過程の本質を分析する場合、現象の発生する順序にしたがって生物から社会への自然な展開における飛躍を見ていくだけでは、深い理解に到達することができなかった。そこで『性愛―結婚―家庭―生育』の順序を逆にしてみた」（〔一九四七〕一九八五）という。人類という生物の基本的要求が社会構造において充足されねばならないことを承知している。しかし、ある行為が生物としてのある充足と関係を持っているからといって、この行為の目的がその生物としての要求の充足にあるとはいえない。生育制度の性に対する関係もまたこれと同様である。人間を生物界の自然の秩序の一部を形成するような問題の立て方は、人々を生物機能によって受動的に行動する機械のようにみなす「なし崩し流の文化論」だと批判する。

人間は元来完全に集団生活に適合する動物ではないがゆえに、集団生活はただ本能のみによっては完成されず、習慣にこれを求めなければならない。人為的規則としての習慣、そして文化は人為的に構成されるものであり、人間によって改造されるものだとすれば、生育も社会成員の社会的再生産という社会的な過程として理解されねばならない。マリノフスキーの文化観は生物的要求に説明の起源を持つために、個人と社会との軋轢、人間の文化創造の主体性、そして社会の構造的な把握への関心が薄いという印象を持っていたのであろう。人間の社会的活動を中心にすえることで、マリノフスキーの中にある「なし崩し流の文化論」を越えようとする費孝通の姿勢を見ることができる。

マリノフスキーが文化論を論じたのは一九世紀末から二〇世紀初頭のことであった。当時は、進化論的文化発展段階論と文化伝播論、および心理学的本能論が人類学理論の主流を占めて、未開社会は原始文化が残存する歴史から取り残された野蛮な社会とみなされていた。マリノフスキーが*Argonauts of the Western Pacific*（1922，寺田和夫・増田義郎訳『西太平洋の遠洋航海者』一九六七）で、トロブリアンド諸島民の生産と交換は市場原理とは異なるが、冒険心や野心、自尊心、そして、ある種の合理性を備えていることを、彼らの社会生活の中に活写して見せたことはいうまでもない。呪術に支配された蒙昧な未開人という当時の人々が持っていたイメージを一新し、彼らの人間としての普遍的な存在を明らかにして見せたのである。未開人を人間の普遍性において捉えようとする方法的な態度を支えるものが、性の欲求をはじめとする生理的な要求を基礎に社会的な行為を組織する人間という、生物学的普遍主義に根ざした人間観であった。「人類（Man）」という次元で見れば、トロブリアンド諸島民もヨーロッパ人も同じ資質を持つ。同じ人類なのだから、トロブリアンド諸島民の生活と社会を理解することが可能なのである。「マリノフスキーの著作には、人類における文化にはそれぞれ大きな差があるが、基本的には一致しており、異なる文化の人もお互いに理解することができ、親密な社会関係を発生するものだということが至る所に表明されている。この一点こそ、マリノフスキーの前の世代に欠けている基本的な知識と感情なのである」と費孝通は記した

（『従馬林諾斯基老師学習文化論的体会』〔一九九五〕一九九六）。

マリノフスキーの文化論は、人間を自然と動物の中に置きながら、しかし、分業と協同を組織し、言語シンボルを操る自然を越えた存在として捉え、文化と自然の乖離と連結を複層的に結びつけたといえる。言い換えれば、人文世界を自然世界における生物学的事実に引き戻して、実証可能な実体に組み替えたが、費孝通はマリノフスキーの文化論の重要な鍵はここにあるという（〔一九九五〕一九九六）。

マリノフスキーは組織的行動を機能的に理解するために、憲章（制度を構成する価値体系）、人的組織、協力と行動の規範、および物的装置の四つの要素からなる概念図式を構想し、文化単位としての制度を実際に調査するための「普遍的な制度類型の一覧表」（1944，姫岡勤・上子武次訳『文化の科学的理論』一九五八、所収）を提示している。これは人文世界の大きな枠組みを説明するものであるが、それだけに包括的すぎて、読むものを当惑させるところがある。しかし、費孝通の広西チワン族自治区の瑶族調査での体験をふまえてみると、野外調査の手がかりもない中で見聞を次第に広げていくとき、事実にもとづいて理解する導きの糸を提供してくれるのだという。理論が包括するパースペクティブと概念は、一組の思想としての道具であり、観察する実際的な手段でもある。マリノフスキーの文化論は、文化を観察する実際的な方法として有効なところに特徴がある。この点は、マリノフスキー自身が強調するところでもあった。マリノフスキーの理論は、とくに人の聞き耳を立たせるような新奇なものではなく、実際の認識に符合させる技法を提供することに価値を持っている。マリノフスキーは人類学の目的や任務を、平常、素朴、篤実な主張に置いており、費孝通はこのようなマリノフスキーの文化論を「朴実な文化論」と呼んだ（［一九九五］一九九六）。

費孝通はマリノフスキーの文化論を歴史的な位置においても、また技法としての役割においても、その実際的有用性に高い評価を与えている。しかし、前述したように、文化の基礎を生理的欲求においている点に、一九世紀末のダーウィン主義や本能論の傾向を引きずっていると見た。費孝通の『生育制度』は、この生物学的普遍主義を越えようとしたところにあったことは先に記したとおりである。

「私は人を、性という生物の必要を満足させ、子どもを産まざるをえない、子どもが生まれると扶養と教育をせざるをえない、男女双方が夫婦として婚姻を結び家庭を持たざるをえない、宗族や氏族を構成せざるをえない、このようなものとして認識するのではない。人は社会を結合し、社会の存在を維持するために、社会は必ず一定数量の成員を維持し分業の協同体系を持つもの、そして、人は生物有機体で、生まれそして死ぬ、社会はその完結性を維持しなければならないので、かならず新陳代謝の機能を完成させなければならないものと考えた。この機構を『社会継替』と名付けた。

社会継替の機能を完成させるために婚姻、家庭、親族などの一連の社会制度が生まれ、総称して『生育制度』という生殖と扶養の相互に関連した両節を包括し、群体の存在の必要活動を維持している」。「文化は人の生物要求を満足させるだけでなく、生物の実用を制限するものでもある。こうして単純な『生物の必要を満足させる』という古い観点を抜け出たのである」〔一九九五〕一九九六)。

マリノフスキーが文化の体系として捉えた人文世界を、費孝通は社会制度を備えた発展的な実体として把握している。個人の理解においても、マリノフスキーが人間を生物学的普遍主義にまで還元して突き放して観察するのに対して、費孝通は社会を継承し文化を創成する担い手として捉えている。費孝通のこのようなパースペクティブからすると、『生育制度』の機軸となるテーマは、個人の活動を通じて存在する社会と、社会と文化の存在をとおして生きることができる個人との本質的な矛盾をダイナミックに描くことにあったと言い換えることができよう。

以上のようなマリノフスキーと費孝通とのパースペクティブの相異には、対象に対する距離が要因となっていると考えることができる。マリノフスキーが調査研究の対象としたのは、彼が生まれ育ったポーランドからも、人類学を学んだイギリスからも、そして彼の文化を支えるヨーロッパからも全く切り離された南太平洋のトロブリアンド諸島であった。彼らにもう一つの人間を発見したとしても、天体の運行や植物の生長を観察するごとく突き放して見ることができる対象であり、彼らを内在的に解釈する必要はなかった。しかし、費孝通は、同時代を同じ中国人として現実に生きている人間を対象とした。しかも、中国社会の歴史の継続と文化の蓄積を背景に、「何億万人もの中国人の心の中に存在している」社会観から内在的に解釈しようと試みた。このような距離の取り方が、歴史や社会と葛藤する人々を、文化に規定された人間としてではなく、文化を継承し作り替える人間として考察するパースペクティブの深さを費孝通に備えさせたのだと推察することができるのではないだろうか。

（注1）　Leach, Edmund R. 1982 *Social Anthropology*, Oxford University Press.

2　『郷土中国』——基層社会の構造

(1)　内省の眼

ヨーロッパの人類学者の間では、未開社会での長期滞在による参与観察経験を人類学修得のための必須条件とみなしていた。調査対象となる人間への詳細で全体的な理解と、彼らの行為や情念を客体化して記述するためには、彼らの生活に深く身を置くとともに、彼らと距離を保つ必要があり、未開社会でのインテンシブな調査がその条件を満たしていると考えられたからである。しかし、費孝通はヨーロッパの人類学者が未開とみなした地域での調査を経験していない。

一九三〇年代における中国の社会学・人類学の学的権威は欧米にあり、教授ポストについた研究者の大部分は欧米での学位取得者であった。社会学・人類学者の関心は、欧米の社会学理論でもって混迷する中国社会の現況を分析し、社会改良の方途を提示するところにあった。費孝通を人類学に導いた呉文藻をはじめ李景漢などの同世代の人類学・社会学者も、未開社会や異文化のインテンシブな研究に直接の関心を示していなかった。中国の人類学者にとって未開社会の領域は、中国国内の少数民族にあった。ヨーロッパ人類学者の研究スタイルからすると、中国人研究者による中国社会の研究の可能性に疑念を提起する一つの要因ともなった。しかし、中国の社会学・人類学者にとって、留学した先の欧米社会は異文化そのものであった。費孝通においても異文化としての欧米での見聞や生活体験は、中国社会研究のモチーフと技法を支えていたと推測できるのではないだろうか。

一九四七年から四八年にかけて、費孝通は自身の研究を総括しうる代表的な著作を矢継ぎ早に出版した。この中には先にあげた『生育制度』（一九四七）があるが、その他に『郷土中国』（一九四七)、『皇権与紳権』(呉晗共著、一九四八)、『郷土重建』(一九四八)などがある。『郷土中国』は中国の基層社会の構造的な特色を記述したものであり、『郷土重建』は混迷する中国社会の現状の診断をめざしたものと位置づけられよう。だが、これらの一連の著作は、それまでの *Peasant Life in China* (1939) や『雲南三村』など、調査資料にもとづく丹念なモノグラフ研究と性格が大きく異なる。『郷土中国』をはじめとして一九四七年から四八年にかけて出版されたものは、中国社会構造を分析的に摘出した理念型として捉えようとしている。費孝通の関心は、いわゆる中国社会構造の「性格(character, pattern)」の理解と人々の価値観念の内省的な解釈をとおして、混迷する中国社会の独自の発展の方途をつかもうとするところにあった。

費孝通は訪問研究者として一九四三年から四四年にかけて一年間アメリカに旅行し、コロンビア大学、シカゴ大学、ハーバード大学などを訪れた。雲南大学の同僚と調査をした『禄村農田』、『易村手工業』、『玉村農業和商業』を一冊の英文論集 *Earthbound China* (1945) として翻訳出版(『雲南三村』一九九〇、中国語版)するのに多くの時間を費やすが、小旅行などで見聞した印象記を中国国内の雑誌に寄稿している。このうち一六編を集めて『初訪美国』(一九四五)として出版した。また後に、M・ミードの *The American Character* (1942) を参考に『美国人的性格』(一九四七)として再編集した。さらに、一九四六年には国民党による暴力的なテロにさらされ、これから逃れるために一九四七年までイギリスに再度渡っている。この時の旅行印象記は『重訪英倫』（一九四七）として出版している。これらはいずれも当時の費孝通の中国社会の分析に大きな影響を与えたと思われるが、とりわけ、アメリカでの体験と研究者との交流は、これから述べるように、費孝通の代表作の一つとなる『郷土中国』の構想に直接的なインパクトを与えたと推測される。

『初訪美国』は雲南大学の学生が運営していた『生活報道』に寄稿した原稿をまとめたものである。費孝通はすでに文筆家として名が知られており、『今日評論』、『大公報』（重慶版）などにしばしば社会時評が掲載された。聞一多（一九四六年七月一五日、暗殺される）などとともに、国民党に反対する学生に大きな影響力を持っていた。費孝通が『生活報道』に寄稿した原稿のメッセージは、「民主」、「自由」、「進歩」を構成の論理としているアメリカ社会を自らの経験と見聞から分析してみるところにあった。移住とフロンティアの歴史、自分の将来は自分で切り開く自恃自衛の精神、科学の発展と工業生産の豊かさ、そして個人利害を超越する「理想」主義の存在が、アメリカ社会の自由、民主、平等、科学的合理主義を支えていると見ている。しかし、費孝通がアメリカ社会に見た現実はこれだけではない。自由競争はアメリカ社会の発展エネルギーを引き出した反面、競争から脱落した失敗者たちの生存を脅かしている。科学と民主、平等と自由との間の齟齬、生産過程の機械化による人間性の疎外、そして、繁栄と失業の反復、中国人の排斥と異文化の理解の困難さ、社会から見捨てられる老人、マニュアル化され均質化された時間と空間の味気なさを描いている。『初訪美国』の各章は、アメリカ社会の見聞をとおして現代文明が内包する複雑な矛盾をも析出しており、費孝通が文明批評家として中国の若い読者を引きつけていたのをよくうかがわせるのである。

『美国人的性格』は、その「后記」によれば、元来ミードの *The American Character* を翻訳するつもりであったが、アメリカ人読者に向けて書かれた本書をそのまま翻訳すると中国人読者には了解しがたいところもあるので、ミードの観点から改めて書き直したという。ミードの *The American Character* は人類学者の目からするアメリカ人の社会的性格を記したものである。アメリカ人の価値判断、行動規範、倫理性の形態を、移住による生活チャンスの拡大、努力と成功、世代間のギャップ、階層移動、未来を志向する生活態度、親のしつけと教育など、アメリカ人の一般的な生活経験の中から描写している。しかし、ミードの関心は第二次大戦後の世界秩序の構築にあり、それを実現するための社会工学（social engineering）を提唱することにあった。そして社会工学が自由と民主主義とに連結されるには、アメリカ人の進取の気質、善悪の基準による価値判断、そしてプラグマチックな賞罰主義の性格が有用なのだと述べている。このように、ミードのアメリカ人の性格の記述は、戦後世界の再建に関わるアメリカ人の可能性を探るためのものであった。また、ミードの文章には、機械化による産業社会と消費社会の到来がプロテスタント的な内省的倫理を内側から脆弱にしプラグマチックな倫理観を強めたと、現代文明論的な色彩を濃厚に含み、逆説的でシニカルな表現も強烈である。このような点が、本書をそのまま翻訳すると中国人には了解しがたいのではないかと費孝通に判断させたと思われる。

しかし、アメリカでのベネディクトやミードなどの人類学者との出会いは、費孝通に新しいパースペクティブを開いたと推測できる。一九三〇・四〇年代は、アメリカにおける都市のモノグラフ研究が相次いで成果を公刊していた。リンドの *Middletown* (1929) をはじめウォーナーの *Ynakee City Series* (1941-63) などは、アメリカ社会を描き出した古典としてよく知られている。しかし、これらの分析はしばしば社会形態の描写に片寄っており、社会の中に生きる人の生活を見落して、彼らの住む文化の中に彼らの生活がどのように育まれているかという問題をなおざりにしていると、費孝通はあまり高い評価をしていない（『美国人的性格』「后記」）。これに対してミードを次のように評価している。「ミードは『ニューギニアにおける生育』(*Growing up in New Guinea*, 1930)、『サモアの思春期』(*Coming of Age in Samoa*, 1928) を比較的早く著し、また近年『バリ島人の性格』(B・グレゴリーとの共著、*Balinese Character*, 1942) を出版したが、これらはどれも個人の性格が形成される過程から一つの社会文化を分析する手法をとっている。彼女のアメリカ人類学におよぼした貢献は大きく、近年、個人の性格分析に新たな気風をもたらした。この気風の発展は、必然的に人類学者の比較的文明化した社会の研究への関心を引き出している。この意味において、ミード女史の『美国人の性格』（*The American Character*）は人類学の発展の上で大変重要な位置を占めるのである」（『美国人的性格』「后記」）。このように、費孝通は社会制度の分析をこの中に生きる人たちの価値基準の具体的な様態から描くことに関心を持つのであるが、その手本としたのがベネディクトやミードの社会的性格の研究法であった。

ベネディクトは文化相対主義の確立者として知られ、一九三四年に『文化の型』（*Patterns of Culture*）を出版した。『文化の型』では、文化的行動の多様性と統一性という両面からの考察が必要なことを主張している。文化的行動はそれが地方的なものであれ、人為的なものであれ、それぞれ大きな多様性を表している。しかし、多様性は拡散してしまうのではなく、文化的行動は統一されていく性質をも備えている。ちょうど一人の個人のように、一つの個別文化はいわば思想と行動が一貫したパターンなのである。個別文化の型の形式はいろんな文化的行為の単なる寄せ集めではなく、歴史的経験の中から形成され、統一されたパターンとして存在する「全体としての文化」だと述べている。しかし、ベネディクトによって把握された文化的個性は、現地で生きる人々が直接抱いている観念や価値類型ではなく、抽象的な概念による類型あるいは理念型だということにも注意を向ける必要があろう。

ベネディクトとミードの文化相対主義、「全体としての文化」の個性、社会的性格、「文化とパーソナリティ」などは、費孝通が学んだマリノフスキーの機能主義理論には見られなかったパースペクティブであった。そしてこのパースペクティブは、中国社会を個性的な構造を持つ文明化された社会として研究する可能性を費孝通に教示したと推測できる。また、ベネディクトとミードには、社会的に距離がある異文化の記述の中に自文化の構造的な特質を読み解こうとする視点があり、観察者自身の認識のフィルターさえもえぐり出してみる内省の態度を持っている。費孝通がベネディクトやミードを評価したもう一つの面は、「われわれでない人」の目をとおして「われわれ」の生活を見ようとするこの方法的な態度であったといえる。

(2) 中国社会の基礎構造

『郷土中国』は中国の社会的特性を理念的なモデルとして描いたものである。ミードがアメリカ社会の具体的な事実から移民社会の特性を説明したのと方法的に相通じている。本書の性格について、「旧書『郷土中国』重刊序言」に次のように述べている。「本書で述べる郷土中国は、中国社会の具体的な素描とも異なり、中国の基層である伝統社会の中に備わっている一種の概念の体系で、社会生活の各方面を規定しているものである」。ここには、中国社会の基底にあって社会生活の基本となっている構造を、具体的な事実から引き出した分析概念を用いて体系的に論述しようとする費孝通の意図がよく表れている。

本書は一五の論考からなり、中国農村の特徴、社会関係と集団の構造的特性、秩序の論理、権力構造、そして社会の継承と変動を論じている。これらに通底するテーマは、一片の土地にしがみついて生きて行かねばならない、しかも世代を重ねて濃密な関係の中に生きる人々の社会と秩序を析出することにあるが、いうまでもなく移動が新しいチャンスをつくるアメリカ社会と対照的な姿を描いている。

本書では「郷土」という日常語としては必ずしもこなれていない用語が中心概念となっている。郷下人、郷村、村落、聚村などの語も用いられているが、これらは田舎者あるいは田舎、村落、集落の具体的な事象を示す言葉として使われている。これに対して「郷土」は、都会やまちに対する田舎やむらを包括的に表現する言葉として、そして人々が生きる基盤としての「土地」に結びついた言葉として、また中国語の「土」の字義にある土着性や粗野さを連想させる言葉として、中国民衆の基層にある生活と意識構造を一体として表現する概念として用いている。

また、費孝通の造語と思われる概念を取り出してみると、次のようなものがある。法理社会に対する「礼俗社会（儀礼習慣の社会）」、団体構造に対する「差序格局（差異秩序の構造）」、個人主義に対する「自我主義（自己中心主義）」、団体に対する「社会圏子（仲間のネットワーク）」、あるいは「礼治秩序（儒教秩序）」、「教化権力（長老支配）」、「時勢権力（英雄支配）」、そして「社会継替（社会の継承と交替）」などの概念である。「礼俗社会」の概念は、テンニースのゲマインシャフトとゲゼルシャフト、デュルケムの機械的連帯と有機的連帯などのいわゆる社会学の基礎概念を、郷土社会の説明概念として翻案したものだと説明している。郷土社会では互いに熟知している関係に生きており、規範は小さなもめ事を経験するうちに体得されていく。このような関係の中では、抽象的ですべてを覆い尽くすような万有の真理は必要ではない。孔子の「孝」の解釈がそうであるように、規範は状況に即した具体的な行動の列挙によって説明されるのである。人と人とがともに生活する基本的な方法は、相手の気持ちを推量し、彼の喜ぶことを実行して自己の満足を得る。このような行動基準を備えた社会を表現する概念として、「礼俗社会」の言葉を用いている。これに見られるように、費孝通にとって西欧の社会学概念の翻訳は、文字面の転換や字義を郷土社会の解釈に一義的に持ち込んだのではない。郷土社会に生きている人々の行為の基準と社会構造の論理を表現するための適切な用語を、西洋の社会学の概念が存立する根源のところにさかのぼって探し求めたといってよいであろう。先にあげた「差序格局」、「自我主義」、「社会圏子」、「礼治秩序」、「教化権力」などの概念も同様である。こうして「礼俗社会」の概念は、その他の概念と有機的に結びついて、郷土社会の構造を全体的に説明することが可能となっている。

これらの概念の中で、郷土社会の構造のもっとも中核をなす概念が「差序格局」である。西洋の集団は、メンバーシップが明らかで成員と非成員の境界が歴然としている。これに対して、中国の社会関係は己を中心に同心的に広がるのみで、集団の分限は模糊としているという。誰もが社会的なつき合いの圏の中心に位置しており、つき合いの波紋を外へ押し広げている。しかも、つき合いが広がる範囲は固定してはおらず、時と場所によって異なる。親族関係を例にとれば、系譜的な位置によって関係の範疇は異なり、たとえ兄弟であっても同じではない。具体的な関係が取り結ばれている範囲は、「自家人（身内）」という血縁関係にしても「街坊（近隣）」の地縁関係にしても、その中心にいる人物の社会的な勢力の大小によって決まる。社会的ネットワークの範囲はその中心に坐している人物の勢力が変化するのに応じて伸縮する可変的な構造で、勢力を誇示する時には関係は広く密になるが、勢力が縮小すると人々は離れていく。中国人が世間の人情の厚薄にとくに敏感なのは、社会的なネットワークが状況によって伸縮することに起因している、と費孝通は説明している。

己から波紋のように広がる無数の私人関係を構成するのは、父子、遠近、親疎という二者間の「差序」、すなわち差異による序列である。父子の親、君臣の義、夫婦の別、長幼の序、朋友の信などとして、差異秩序にもとづく関係は一種の道徳要素を付帯しており、二者間の関係を規定した行動の基準を表してもいる。成員資格が明瞭に規定された組織を欠き、集団的な道徳が欠如した中国社会では、私人関係を超越した普遍的な道徳観念が生まれなかったという。どのように対処すべきかは、相手は誰か、自己といかなる関係にあるかによって決められる。二者間の差異秩序を基とした関係の広がりを社会関係の構成の本質とする社会構造を、費孝通は「差序格局」という概念で表したのである。

以上のように、『郷土中国』で考察した領域は、中国の基層社会の人と人との関係性から集団構造、秩序と道徳、そして社会変動にいたるまでの全体を覆っている。全体像を概念的なモデルとして把握することにその目的があったのがわかるであろう。また、西洋の社会学概念を手本として、中国の具体的な事実と人々の観念の中からふさわしい語をくみ出すことで、既存の概念に新しい生命が吹き込まれていることが注目される。

(3) 中国の都市と農村

『郷土重建』は『郷土中国』と同時期に執筆され、しかも「郷土」の用語がともに冠せられているが、両著の性格は大きく異なっている。『郷土重建』の「後記」で、両著の関係を次のように説明している。『郷土中国』では、中国基層の社会構造の原則を概括した。つづいて、この構造の骨格を各部分の構成からさらに全体的に描き出すことが必要であった。『観察週刊』に発表した一連の「社会構造から見た中国」がそれであった。伝統的な構造を当面する状況に当てはめて、われわれが現在身に受けている問題を解きほぐし、そして積極的な主張を提起して面前の各種の問題の解決に役立ちたいと記している。『郷土重建』は、このような論考の中から、当時の農村社会の全面的な溶解に対して病状を診断し郷土復興の提案を試みたものを集めている。本書で郷土復興の手段として主張されている農村の工業化、いわゆる「郷鎮企業」の育成が、一九八〇年代の農村の経済再建の要として大きな役割を果たしたことはよく知られている。

しかし本書には、時代の診断と郷土復興論ばかりでなく、中国社会の構造の概念的な分析も組み入れられている。とくに、中国の都市と農村の特殊な関係を論じた論考は、中国の農村の特徴的な構造を考察する上で啓発的な示唆に富んでいる。農村を一つの孤立した村落のレベルから、市場と都市との関連、国民社会のレベルに引き出している。都市と村落との関係を論じた「二　郷村・市鎮・都会」「三　論城・市・鎮」、そして郷土社会の溶解を論じた「四　崩壊でなく半身不随」「五　基層行政の硬直化」「六　再論双軌政治（統治と自治再論）」「七　浸食下の郷土」の論考がこのテーマを扱っている。

「二 郷村・市鎮・都会」「三 論城・市・鎮」では、当時の都市と農村との関係を次のように表現している。都市の振興と農村の衰微とは、この百年間を見ると表裏一体となっている。日本の侵略が始まって、都市が占領され、都市への往来が封鎖されると、後背地の農村は繁栄したということではないが、確かに一息つくことができた。田舎の人のためを思うと都市への通路が塞がり、そして封鎖されれば、それだけよいことになる。これこそ、中国の経済構造における都市と農村との関係の奇形を表しているのだという。

中国において人々が聚住する地区には「城」と「市集」がある。「城」と表される都市は、元来、皇帝の武力による政治支配のための拠点として存在してきた。周囲を城壁で囲み、軍隊を駐屯させ、行政の役所を置いている。地主が身と財産の防衛のために、土地から離れて移り住む所でもあった。彼らは地主であるばかりでなく、金貸業や穀物商を営んでおり、小作人との関係は高利貸的な存在であった。城内には裁縫師、家具の木工職人、薬剤店、装飾品を作る銀細工職人なども住むが、彼らは金持ちのための技芸職人で、農村に住む人々に販路を広げてはいない。

これに対して「市集」は生産者の間でものが交換される場となっている。現金が必要であったり、必要なものがあれば、ここに出かけてきて売買を行うのである。しかし、市や集、あるいは街、墟とも呼ばれる交換の場は、数日に一度と定期的とはいえ臨時に開かれるにすぎず、交通の便がよいところが選ばれているだけで、経常的なコミュニティを形成していない。交易が頻繁になり商店が建ち並ぶにいたり、恒常的なコミュニティを成長させているのもあり、「鎮」はこのようにして成立しているという。太湖流域には周囲に広い販路をもつ「鎮」もあり、手工業者たちを集めて経済的には「城」をしのぐほどになっているものもある。しかし、「城」と「鎮」とは性格が全く異なっており、前者は統治と安全を目的に機能する構造を持ち、後者はものの流通を目的に周囲の農村の中心に位置している。この二つの性格の違いは空間的な構造の上でも融合しないばかりか、郷村に対する関係を異なったものにしていることはいうまでもない。しかし、経済的に繁栄する「鎮」でも生産基地としての成長は未熟であるばかりでなく、ここに住む地主は都会と郷村の間に位置することで、郷村で享受されるべき産物を集めて都会に送って、郷村の血液を枯渇させているのである。

かくして、中国における都市は農村の生産と補完的な産業生産の基地として発展したのではなく、農村に対して一方的に搾取する関係として存在し続けてきた。西洋の工業製品が輸入されるようになると、これを消費する都市住民は金銭をますます多く必要とするようになった。だが、これらの金銭は都市の産業的な経済活動によっているのではなく、結局、農村に対する搾取からもたらされており、農村の疲弊の悲劇はこの面からも助長されていると考察している。

以上のように、費孝通は都市と農村の奇形的な関係を中国における都市の存在形態から論じている。中国の産業化が妨げられ農村が疲弊する要因の一つが、都市の農村に対する寄生的な性格にあると見ていたからに他ならない。また、次の問題も問われていた。小農経営を基礎とする中国の農村は、互いの交渉も少ない比較的孤立した生活となっている。しかし、農村の生活は単独では存在できない。農家の家計は副業の手工業や、あるいは農閑期の季節労働の賃金で補填されており、農村の生活は市場を中心とした圏域を前提として成り立っている。村落社会の実証的な研究には、市場そして都市との関係の実態的な分析が不可欠とならざるをえない。

これにつづく四つの論考は、農村が社会的に溶解する現実を、都市と農村との経済的、政治的、社会的な関係の中に分析したものである。

「四　崩壊でなく半身不随」では、戦争の経費やインフレなどで膨張した財政の負担と、青年の徴兵によって農家の経営は半身不随になっているとする。小土地にすがった農家の経営は収支の釣り合いから考えられるのではなく、生活できるか否かという水準から考えられる。生活程度の水準は伸縮性が大きく、死に直面するまで耐え忍ぶこともできて、耕作を放棄することがない。こうした農家の経営の崩壊は、産業社会の経済恐慌のような一気呵成の瓦解とはならない。じわじわと不随になり、そして壊滅する。伝統的な中国では、農家の経営の崩壊は村外への逃散という形態をとってきた。当時の村落社会は、まさにこうした状態にあると見ている。国家の負担をすべて農家に押しつけてきた中国の経済構造の特質、すなわち都市と農村の経済的関係構造こそ農家の疲弊の根源だということであろう。

「五　基礎行政の硬直化」と「六　統治と自治再論」は、政治構造から農村の解体を検討している。村には「公家」と称された組織があり、水利、自衛、仲裁、互助、娯楽、宗教などの活動を自らが処理してきた。この活動は、名望家のリーダーが取り仕切っていた。村に過大な負担が課せられると、彼らは役所に行って負担を軽減するために交渉することができた。農村には、権力の一方的な横暴に対して名望家を介して自らを防衛する機構があったのである。しかし保甲制によってこれらの名望家が排除され、ごろつきや無頼の輩に取って代わられた結果、地方の自治的な能力は解体したという。つづく「七　浸食下の郷土」では、人材の都市への流出による村落社会の溶解を説いている。

費孝通は、伝統的な村落社会には城（都市）や市・鎮との間に中国社会に固有の有機的な関連があって、農家の経営、村落の自治的な活動、そして有能な人材が存在しえていたと見ている。しかし、この関連を無視した都市化が進行したために、都市は社会全体の機構の癌となっている。農村における経済の半身不随と行政の硬直化、都市における経済恐慌と行政の腐敗は、ともに都市と農村の有機的な関連を失った結果がもたらした病状なのだという。費孝通の農村再建論は、したがって、城（都市）―市・鎮―村落の間に経済、政治、社会、そして人材の面において、新しい有機的な関連を再建するところに存在するのであろう。

農村における社会生活を空間的な広がりの中に考察するためには、社会圏を構成する中心と領域を実体的に描き出す分析的な手法が必要とならざるをえない。喬啓明（「江寧県淳化鎮郷村社会研究」一九三四）や楊慶堃（*A North China Local Market Economy*, 1944）の社会圏の実証研究は、アメリカ農村社会学で蓄積したコミュニティ研究の手法を用いて、社会圏の概念に具体的な姿を与えることになった。中国農村の生活は閉じられた社会圏のうちに構成されているのではなく、生産・交易、娯楽・信仰、教育、結婚・親戚などのさまざまな社会的活動の広がりがあり、郷・鎮を中心とした複層的な社会圏を構成していることを示している。人と人との個人的関係が機軸となっている社会構造の特質が、アメリカ農村社会学の rural-urban 連続モデルを使うことによってダイナミックに析出されたということができよう。しかし、費孝通の関心は城（都市）―市・鎮―村落の関係構造が、中国のいかなる文化的な特徴の中で構成され、そして現況の農村の疲弊にいかなる結果をもたらしたかという問題であった。費孝通の関心は、村落と市・鎮との関係性や圏域を実体的に描きだすよりも、都市が農村を衰落させる構造的な分析と、その文化・社会的バックグラウンドの検証にあった。

(4) 政治・権力構造

政治・権力構造に関する論考は、『郷土中国』においても論じられている。伝統的な支配秩序と社会変動を説明するのに、「横暴権力（専制支配）」、「同意権力（民衆の政治参加）」、「教化権力（長老支配）」、「時勢権力（英雄支配）」という独特の概念を提起している。費孝通の権力類型の中に、M・ウェーバーの合理的支配、伝統的支配、カリスマ的支配の類型を連想することは容易であろう。権力を皇帝の一身に集めた中国王朝の支配構造は、村からすると脆弱な姿をとって現れる。村の名望家によって治められる郷土社会の秩序は、皇帝の絶対権力による専制統治と異なる。また民主的な合意による自治とも異なっている。長幼の原則で社会成員を訓育するところに成り立つ秩序であるという。教化と訓育でもって治める秩序を、「教化権力（長老支配）」と概念化したのである。また「時勢権力（英雄支配）」は、社会が激烈に変動する時期に出現して時代を先導するリーダー、すなわち「文化英雄」が発揮する権力の形態を示している。劉邦（江蘇省の農民の出身、秦を滅ぼした前漢の初代皇帝）や朱元璋（安徽省の貧農出身、明朝初代の皇帝）、そして毛沢東らの個人的な資質が歴史の上で特別の役割を果たしたことは、中国の社会の性格を考察する上でとくに重要であろう。このように、権力の四つの類型は、郷土中国社会の生活秩序、統治、そして変動を概念的に説明するところに趣旨があった。

『皇権与紳権』（呉晗共著、一九四八）での権力構造の分析は、より実体に即したものになる。「中国の歴史では中産階級が政権を担った政治構造がなぜ出現しなかったのか」という、時代の診断に直接関連するテーマに答えようとしている。論じられている要点は、中国における知識のあり方と、知識人と政治権力との関係である。儒学での「知」は人の能力ばかりでなく人の徳性でもあり、「仁」と「勇」と並び称せられる徳目である。しかし、規範知識が偏重されたことで技術がよってたつところの自然知識と乖離してしまった。また、天下を治める聖賢の知識は政治権力を正統化する権威の源泉となった。だが逆説的にも、その担い手である知識人は権力から自立した存在となることはなく、知識人および官僚は本質的に皇帝権力機構に寄生的な存在であり、この階級に政権を奪って革命を達成することを期待することはできない。当時の知識分子もこの伝統社会の拘束を受けており、中国の現代化の過程で指導的な責任を負うことを不可能にしている。中国の新しい工業にもっとも欠けているのは、まさに現場の技術に習熟したエンジニアに他ならないという。すでに述べたように、地主と知識階級の寄生的な性格こそ中国が近代化に苦しむ要因の一つと見ているが、ここでは権力構造における彼らの社会的位置から分析し、新しい社会の創成をになう知識人の可能性を模索している。

以上のように、『郷土中国』と『郷土重建』は、まず、中国社会の構造の特質と価値観念の概念的把握をめざしており、次に、当時の中国社会が直面した問題を解き明かし、その上で、時代の診断と現実的な施策を考案するという、中国社会の混迷を三つの層から全体的に捉えようとする視野を展開している。自文化の混迷への深い内省と、直面する危機的状況への診断とが相即しているともいえるであろう。しかし、その記述は論証的で実体的なモノグラフというよりも概念的な性格が強く、また、文明論的な時代批評としての性格も兼ねている。時代を解読する時評家として青年読者の関心を引きつけたのをうかがうことができるところである。このような傾向には、先に紹介したベネディクトやミードのシニカルな逆説に満ちた文明論的批評と通じる視点を見いだすことができる。サモア、ニューギニア、バリ、そして日本という「われわれでない人」を饒舌に語ることで、実は「われわれ」自身であるアメリカ社会および現代文明を語る手法である。『初訪美国』、『美国人的性格』、『重訪英倫』の論考は、費孝通にとっての「われわれでない人」の記述であり、中国社会を深いところから内省させ、当代の中国社会を映し出す投影機となったと思われるのである。

3 *Peasant Life in China* から *Earthbound China* へ——中国農村社会の実証的研究

(1) *Peasant Life in China* のアスペクト

費孝通の実証的研究は、一九三五年に新婚の夫人王同恵とともに着手した広西チワン族自治区瑤山の調査から始まる。しかし瑤族調査は不慮の事故による王同恵の死亡と費孝通の負傷とによって悲劇的に中断されざるをえなかった。負傷した費孝通は療養を兼ねて、一九三六年に故郷の江蘇省の太湖に近い呉江県開弦弓に行き、調査を再開した。この調査による研究成果は、いうまでもなくロンドン・スクール・オブ・エコノミクスのマリノフスキーに提出された博士論文、*Peasant Life in China: A Field Studiy of Country Life in the Yangze Valley*（1939）である。本書は世界中に中国農村の現実の姿を紹介したが、調査地の開弦弓の名を海外の研究者に広く知らしめることになった。一九五六年にはシドニー大学のゲデス教授による調査が実施され、*Peasant Life in Communist China* として著された。また、一九八〇年九月にはナンシー・ゴンザレス教授による調査があった。

費孝通自身によるものは、一九五七年に社会科学院経済研究所との共同で調査が再開され、『重訪江村』（一九五七）としてまとめられた。一九八一年に三度目の調査を行い、『三訪江村』（一九八一）と題された論文となっている。その後、中国社会科学院社会学研究所は江蘇省社会科学院と共同で開弦弓調査グループを組織し、小城鎮における農村工業（「郷鎮企業」）の建設を推進する政策の基礎資料を提供した。

費孝通が開弦弓の調査を開始した一九三六年、当地では姉費達生が養蚕の改良運動と製糸工場の合作運動に取り組んでおり、農民の信頼と信用を得ていた。費孝通は、「彼らの行動の正当性とその意義に深い感銘を受けた。自分たちの悲惨な境遇を改善するために、彼らが一つに団結して体制に挑んでいく様子に賞賛の念を禁じえなかったのである。私は、このことを世界中に知らせることが、自分の義務だと感じた」と記している（小島晋治ほか訳『中国農村の細密画』、一九八五）。この記述からもわかるように、費孝通の農村調査は、きわめて倫理的・規範的な価値に支えられている。

費孝通が医学から社会学に転じた理由を先に紹介したが、その中には当時の中国農村の貧困、農業の疲弊から人々を救うという社会改良を志す意志が表明されている。「中国農村の基本問題は農民の衣食の問題である。内憂外患は農民の最低生活水準を維持するのを困難にさせ、衣食が極端に困窮する状況に陥らせていた。当時の歴史的現実は、私を中国農民を貧困から救い豊かに富ませるために人力を尽くす使命感を促し、私のその後の一生を『志在富民』（志は富民にあり）の追求に根を下ろさせた」（『農村、小城鎮、区域発展』一九九五）。

費孝通が農村の危機を見る論点には次の四つをあげることができる。第一は、農村経済の疲弊である。家族の生活は、土地での耕作と手工業などの副業が家族員の作業として有機的に関連されていて、衣食足りる一つの均衡を保っていたが、日本の侵略と世界恐慌などの影響を被って、農村の経済生活を構成する農業と副業の有機的な関連が解体したこと。第二は、農繁期と農閑期がある農業の潜在的な過剰労働力の存在、労働力の浪費。第三に、農村人口に対する農地の過少、そして不平等な配分という土地問題。第四に、都市と農村の奇形的な関係が、不在地主、高利貸、租税徴収人の手をとおして農村の富、土地、人材を流出させている問題である。費孝通の農村研究は、これらの要因が農村生活を疲弊させる様態の詳細な分析にあるが、まずは開弦弓のモノグラフ的研究から実態を明らかにし、そしてそこで得られた暫定的結論を条件の異なる地域で検証するという方法をとる。後に「模式」という費孝通の独自の概念に展開する方法であるが、調査対象地のそれぞれの個性的な問題を析出しながらも、その個別的な問題が全体としてどのように位置づけられるかを比較的に論じる方法である。以上の農村の疲弊と農業の危機に対する実践的な対処への関心、そして一つの農村で得られた知見を比較的に検証してみるという調査技法は、最初の農村調査*Peasant Life in China*から、イギリスから帰国した後、張之毅らと直ちに着手した『禄村農田』、『易村手工業』、『玉村農業和商業』の雲南三村（*Earthbound China*, 1945. 一九九〇年に『雲南三村』として再版）の調査に展開している。

Peasant Life in China の舞台となる揚子江流域、太湖の南に位置する開弦弓は、蘇州や上海に近く、水路と鉄道でこれらの大都市と結ばれている。水田が豊かに広がる稲作地帯で、住民のほとんどは農業に従事する。また、蚕糸業が盛んな地帯で、農村経済のもう一つの柱となっていた。しかし、近代的製糸工場による製品が導入されると、農村家内工業として営まれていた蚕糸業は衰退したのである。費孝通は開弦弓を調査対象とした理由を次のように述べている。

(1)　ここは、今日に至るまで中国の家内製糸業の主要な中心地の一つである。それゆえ、この村は、中国工業の変革過程を具現した代表的なケースとして捉えることができる。この変革とは、主として工場が家内制手工業に取って代わったこと、ならびにそれにともなって生じた社会問題とに関わっていた。こうした過程は一般的なものであって、今もなお中国で進行しているし、世界各地で同様に見られるものである。中国における工業の発展の問題は、実際の面で重要な意味を持つにもかかわらず、それについて、村落の社会組織を十分に理解したうえで、集約的に研究することがこれまで行われなかった。加えて、この村は、工業改革をまさにこの一〇年の間に経験してきたのである。

(2)　開弦弓は恵まれた天然資源によって、農業がきわめて高度に発達してきた地域に位置している。そのため、土地保有形態もここではとりわけ入り組んでいる。この村は、中国の土地問題を研究する上で、恰好の場を提供してくれるであろう。

(3) 網の目状の水路をとおして、この地域は水上交通が広範に利用されてきたことで、鎮と村との間には、華北に見られるものとは異なった、独特の関係が作り出されてきた。そこから、水上輸送にもとづく市場組織の典型的な事例を研究することが可能である。

（小島晋治ほか訳『中国農村の細密画』一九八五）

本書の中心テーマは没落過程にある農村経済の分析にある。その第一は、伝統的な家内手工業として営まれていた蚕糸業の衰退と、これに代わる合作運動による協同蚕糸業の可能性の分析である。第二は便利屋としての回漕業による町（県城や鎮）と村落との間の市場システム、農村の疲弊による土地所有権の町に住む高利貸への移転など、城・鎮と村落の経済関係の分析である。

この分析に先立って、中国農村を理解する前提としての地理的、社会的背景が紹介されている。家の基本単位、親子・夫婦の家族関係、結婚の型、望まれる「いとこ婚」と忌避される「いとこ婚」、家族財産と均分相続、養老、若い女性の地位の変化、近隣関係、民間信仰、村落の行政組織、農民の収入と支出、労働と土地保有、排水の共同管理、職業の分化、外来者などの項目が、費孝通自身による聴き取り調査によって得た資料から記述されている。記述は簡潔であるが、中国の江南農村と農民生活に関わる基本的な論点はおおよそ全般的に概括されている。本書がロンドン・スクール・オブ・エコノミクスに提出された学位論文だということを考えると、こうした中国村落社会に関する正確な民俗学的記述は、本書の中心テーマを欧米の研究者に論述するためには必要不可欠のものであったに違いない。

Peasant Life in China の中心テーマの一つである開弦弓の家内蚕糸業の衰退と改革について、費孝通はどのような暫定的な結論を引き出したのであろうか。

まず、農民が日常必需品の購入、葬儀・結婚などの費用、租税、地代、生産のための資金を準備するためには、農業だけではとうていまかなうことができず、副業が必要不可欠にならざるをえない、と主張する。開弦弓では、「土地の保有面積は平均八・五畝である。普通の条件の下では、一畝から毎年六ブッシュルの米を生産する。そうすると、平均土地保有面積から五一ブッシュルの米を生産することになる。世帯構成員による米の直接消費量は四二ブッシュルである。したがって、九ブッシュルの余剰ができる。新米が市場に出回る頃の米価は、一ブッシュル約二・五元である。もし余剰米を売るなら、二二元の収入になる。しかし、経常経費だけでも一家は少なくとも二〇〇元必要である。かくして、農業だけでは生活できないことは明らかである」。「蚕糸業が繁栄した頃は、生糸の生産は一世帯あたり平均三〇〇元の収入となり、二五〇元の余剰を生んでいた」。この条件の下では、生活水準は最低水準をはるかに超えることができていたのである。

農民生活の収支の均衡を破ったのは、生糸価格が下落したことによる。従来は一両（一／一四ポンド）あたり一元以上だったが、一九三五年には三両で一元になっていた。近代的な工場生産による生糸は品質もよく、安価である。これに対して、村の家内手工業による生糸は品質が劣り、機械織機の原料として用いることができなくなっていた。また、繭が伝染病にかかる率が高く、生糸の生産量が一定しない。しかし当地の蚕糸業が衰退したのは、生糸の品質が悪くなったからではなく、高度に機械化された機械織機の原料として用いることができなくなったためであった。当地の生糸が再び輸出されるためには、高品質の蚕卵の確保、科学的に管理された養蚕技術の導入、繭から生糸を取り出す繰糸技術の改良が望まれていたのである。

当時、中国では農村経済の振興、農民生活の安定を目的として、農村工業、小規模工業の設立に工業合作運動が組織されていた。共同出資による生産と販売、互助金融の組織を設立する運動をいうが、一九三〇年代から農村工業、副業の振興運動としてその活動が注目された。江蘇省は工業合作運動の盛んな地域であったが、生糸の産地として名を馳せていた蘇州近郊の蚕糸工業の改善にも早くから運動が着手されており、その推進役となっていたのが江蘇女子蚕糸学校であった。費孝通の姉費達生はこの学校の教師で、日本に留学して養蚕と繅糸の技術を修得していた。その経験を活かして一九二二年に呉江県開弦弓改進社を組織し、一九二三年にはこれを改組して養蚕合作社を組織したという。一九二九年、工業生産合作社としての製糸精製運銷合作社を設立した。合作社には五五二戸が参加し、養蚕、糸繰り、生糸の販売までをやったと報告されている(注1)。

江蘇省建設庁は、工業生産合作社に対して次のような基本方針をとっていたとされている。①農民が組織し、郷鎮を単位とする。②余剰労働力の利用と過剰人口の消化。③原料は同郷、付近各郷から選ぶ。④生産物の販路はまず付近一帯に求め、しかる後に大都市に安定した販路を求め、同時に輸出の増大と輸入の防止に留意する。*Peasant Life in China* に紹介されている記述を見ると、費達生らの興した製糸精製運銷合作社の活動もこの方策に沿った内容だったと推測される。繭の科学的管理によって養蚕の品質を向上し、機械製糸による生糸生産の質量を高めるという所期の目的は達したかに見えた。農民の収入を増やして農村の経済的疲弊を改善し、しかも社員の自主的運営によって農民の社会変革への参加を促すことが期待された。費孝通の記述の中にも、費達生らの努力が成果を生んで、村民の信頼を得たことが記されている。当初、合作運動に参加したのは二一戸のみであったが、二年後には全村がこの指導機関の監督の下に生産するようになったとある。

しかし、工業合作運動が全般においてすべて成功したということではない。

合作社の資金は組合員からの出資金によってまかなわれ、原料の繭と労働力は組合員から供給されるはずであった。だが、収益はすべて農民に現金で還元されるわけではなく、政府金融からの借入資金の返還にあてられた。工場の利潤が配当金として手元に配分されないとなると、参加農民の姿勢は消極的になったという。組合員の出資金の納入率は停滞し、原料の繭の供給も次第に減少していったのである。家内手工業的な製糸の品質が悪く市場価値を持たないとわかっていても、繭を工場に供給してその代金を得るよりも、繭を手元に残して自ら生糸を生産する旧来の道を残したのである。

また工場生産は、賃金労働者という新しい階層を生み出した。旧式の機械で繰糸作業をすると、これに従事する女性は三五〇人必要であったが、最新の機械では同じ量の繰糸を七〇人以下ですることができるようになった。技術的見地からすると大きな改善をもたらしたが、三〇〇人の女性労働力が就業の機会を失うという新たな問題が出現したのである。村人からすれば、仕事の機会を失うよりも家内で旧式の機械を用いて繰糸した方がよいということになる。新しい技術は、技術的見地や経済的効率からのみ普及するものではないことを物語っているといえよう。農民の生活は世帯と村落を単位として営まれており、新しい技術がどのように導入されるかは、世帯と村落の集団の構造の論理が働いていることを費孝通は指摘している。

新技術の導入によって若い女性の労働力が過剰になっても、村内に新産業の導入もなく、また農業に女性の労働力を活かす場がないとすれば、若い女性たちは村外に就業の機会を求めて出て行かざるをえない。一九三五年の開弦弓では、一六歳から二五歳までの少女は一〇六人いたが、このうち八〇パーセント以上の少女が村外の工場で新たに賃金労働者となったのである。賃金労働者として若い少女たちが村を離れて生活し始めたことは、家族における経済関係に大きな変化をもたらした。賃金は本質的に個人のものであり、従来の父母と少女、嫁と姑、夫と妻との関係が若い女性を優位に立たせるように変化することを予想するのは容易である。幼い子どもを持つ女性が村外に働きに出るようになる産業改革に適応した、新しい家族・親族関係の生成に費孝通は注目しようとしている。

次に、開弦弓における副業の衰退は、人々の生活と土地保有の形態をどのように変えたのであろうか。

先に引用したように、一世帯あたりの土地保有は九畝ばかりであるが、これから収穫される米は、自家の消費をなんとかまかなう程度しかない。当地では、白菜、果物、茸、胡桃、ジャガイモ、大根などの野菜も自給するのは一部で、野菜栽培を専業とする近隣村の行商から購入したのである。農民の収支を現金に換算して計測するのには限界があるが、農民の平均世帯の支出には次のようなものがある。食糧四七元、衣料三〇元、贈り物一〇元、燃料その他三六元、家と船の塗料二〇元、農具と肥料一〇元、製糸業の諸費用五〇元など、市場で購入するための金額が合計二〇三元。この他に、地租一〇元、冠婚葬祭などの積み立て金五〇元がある。一世帯の貨幣額による最低支出は一年間に二六三元になるという。副業の生糸の販売による二五〇元の余剰がなくなると、農民の生活がきわめて困難になるのはこのような状況を見ると一目のうちにわかる。

自然と向き合う農村社会では、節約は現実的な価値を持っている。一定の範囲の欲望を必要なものと認めるが、これを超えると浪費的、奢侈的なものとし、節約が美徳とされている。副業が衰退するにともなって、生活を切りつめ浪費への誘因はほとんどなくなっている。しかし、節約には限度があり、生活のある種の水準を超えて切りつめられるものではないという。

経済的衰退は、社会的活動にも影響をおよぼした。村や地域の活動は宗教的な行事と結びつく。当地には集団的に組織される宗教的な活動として、「劉王」の祭祀、「年会」、そして一〇年ごとに太湖に沿う村々が行列を組織する「双陽会」がある。「劉王」の祭祀は蝗の虫害に対する祈願で、村が一一区に分かれて一月と八月に像を祀っている。「年会」は秋の収穫後、収穫を盛大に祝う村の行事であった。しかし、「劉王」の祭祀が残るのみとなった。

農民の経済生活にもっとも大きな負担となるのが、冠婚葬祭（出生、結婚、死亡）である。これらの行事は新しい家族の紐帯を承認し、また、古い絆を補強する。彼らの生活における行事の重要さからすると、立派に執り行うために多額の費用をかけるのは驚くにあたらないという。この金を頼母子講などで準備するが、このような性格の赤字は比較的裕福な人々の間にも広く見られる。しかし、貯蓄能力が減退した結果、村外からの金融に頼ることが多くなった。

村の人々が村外の金融に頼る方法は二つある。一つは、現金が必要なとき鎮の米商人に米を売ったり、食糧の不足時に米を借りる方法である。二つは、鎮の高利賃に頼る方法である。高利貸からの借金は利率が高く、一年で月平均五割三分にもなる。こうして、農民は土地の地下権を債権者に譲渡せざるをえなくなるのである。債権者となる米商人や高利貸は鎮に住んでおり、鎮が村に対して一方的に債権者となる構造が組み込まれている。

しかし、費孝通は本書の結論を次のように述べている。「この研究で私が示そうとしたのは、地主はむろん高利貸ですら悪い人間だと非難するのは正しくないということであった。村が生産に投資するために外部からの現金を必要とするときに、農民に貸し付けをするよい制度がなければ、不在地主制度と高利貸が生まれてくるのは必然である。それらがなければ状況はもっと悪くなっているであろう。現在、地代の確保が不安定になっているので、都市資本は農村地区にではなく条約港に移動する趨勢が強くなっている。この資本の流れは、上海の投機的企業の恐慌を再発させている。農村地区での入手可能な資本の欠乏が、鎮における高利貸の発展を促しているのである。農村が不況になればなるほど、利用できる資本は少なくなり、高利貸がいっそう活動的になる。これが農民の生活を蝕んでいる悪循環なのである」。

農村の副業が衰退し、農村が疲弊することによって、条約港などの大都市に資本が過剰に集中して恐慌を起こし、地方の鎮では高利貸が活発になっている。中国の農業問題の解決にもっとも決定的なことは、農民の支出を減らすことではなく、収入を増大することにあるが、そのためには農村における工業の復興が不可欠だと主張する。その一つの方法が村での合作組合による小規模の工場を発展させる試みである。近代工業に遅れて参加した中国が、先進国の資本主義的矛盾を回避する可能性を見いだすとともに、この実験を試みることにこそ中国の世界的・歴史的な位置を見ようとしている。

以上、*Peasant Life in China* の内容を費孝通の問題提起にしたがって祖述した。われわれが一般にモノグラフとしているものと大きく異なっていることに気がつくであろう。社会学・人類学のモノグラフでは、フィールドに対して客観的で価値中立的あることが暗黙の前提になっている。現実を正確に、そして詳細に記述するという研究態度が、一般にモノグラフの出来映えを保証する要件と考えられている。しかし前述したように、費孝通は本書を書くにあたって、中国農村を経済的疲弊から救うことを第一の目的にすることをはっきりと明言している。そして、その目的にむかって方向付けるために、経験的事実に基礎をおいた現状の正しい定義と理解をもたらすことにこそ、社会科学の機能を見いだすのである。

(2) 費孝通の研究技法

では、*Peasant Life in China* は社会学の常識論的な客観性や価値中立性をどのようにして乗り越え、モノグラフの社会科学としての資質を保証しているのであろうか。

まず第一にあげることとは、費孝通の視点の全体性と総体性である。費孝通がマリノフスキーの文化論から学んだものは、文化を全体的で総体的に捉える方法的な態度であったことはすでに論じたとおりである。農村の経済的衰退の分析という主要テーマを論述する前提として、中国社会の基底を形作っている家族と村落の構造を、費孝通自身の聴き取り調査資料から詳細に論じている。農民生活の経済的分析を、農民の生活の全体に俯瞰して理解しようとする費孝通の意図を推測することができる。家庭内の手工業的な蚕糸から合作組合による協同養蚕と工場での機械製糸への経済構造の変容の分析も、その影響が家族内の家族関係、とりわけ女性の地位にどのような変化をもたらすか、働く若い母親と子どもの関係の変化という、伝統的な中国の家族が産業社会に向かってどのように転換するかという社会学的関心に連続的に展開するのである。

第二に、社会の変化を見る複眼的視座を指摘することができる。合作組合によって工場制機械製糸が導入され、組合員には原料の繭の供出が求められた。新式機械による製糸は質量ともに旧式機械による繰糸をはるかに凌駕しており、市場価値も高い。家内手工業による生糸はすでに市場価値を失っていたにもかかわらず、農民は繭を手元に残し、依然として旧式の機械で繰糸を続けた。家庭内に余剰労働力がある限り、遊ばせるわけにはいかないのである。農民の選択は、経済的利益の計算からのみでは計られなかった。新しい技術は、技術の効率や経済的価値からのみ一方的に受け入れられるのではないことを示している。新しい技術や制度を導入する場合、人々がそれを選択する意図や価値観に費孝通は注目するのである。また、鎮の高利貸についても、それを悪だと最初から断罪していない。農村に適正な金融制度が欠けている状況では、高利貸も必要な役割を果たしているのであるから、農村の経済活動の中での機能を正確に把握するところから分析しなければならないと主張している。

これは、社会の変化を経済的効率や善悪の価値観から一方的に定式化しないという方法的な態度である。技術の優劣、経済の効率、善悪の価値観などからするなら、社会の変化は、劣性から優性に、低い水準から高い水準に、遅れたものから進んだものにという段階的な発展を想定することができる。しかし、この段階的な発展は必然的で機械的に、そして一方的な方向に展開するのではない。変化の受容は人間の選択に関わっており、その方向の定義と可能性は人々の生きている現実から解釈されるべきものであろう。費孝通は一方向的な規定関係を想定した機械論的な文化論を、「なし崩し流の文化論」と批判している。費孝通は社会の変化の分析には生きる人々の選択的な意志の理解が不可欠と考えており、外的規制の強制力と人間の創造的選択との緊張関係の中に新しい人文科学の可能性を提唱したこととも関連するところであろう。

第三に、状況の定義を統計的手法で裏づけようとする費孝通の記述方法をあげることができる。すでに米の生産と生計の記述の引用で示したように、*Peasant Life in China* の記述の特徴は、村人の聞き取り調査で得られた情報を、数字でもって推計、確認しようとするところにある。さらに二つの事例を紹介してみよう。

「この村における労働と土地とがいかによく調整されているかを示すために、いくつかの統計を引用してみよう。一五歳から五五歳の実際のもしくは潜在的な農業従事者である成人男子の人口は四五〇人である。村の土地総面積は三〇六五畝で、この中にはわずかだが耕作しない土地が含まれている。もし土地が農業従事者全員に等しく分配されるなら、一人あたり六・六畝となる。前節で仕事の割合と稲の生長に必要な時間の長さを示し、そこから一人の男性が耕作できる土地の広さは七畝という結論に達した。技術的な観点からしても、耕作におけるくわの使用は作業をきわめて個人的なものにすることもすでに示したとおりである。集団的な作業は、個人の努力の総計以上のものにならない。集団でしても能率を高めることにはならないのである。現在の技術は土地の面積によって必要となる労働量を一定に固定させている。こうして一人あたりの耕作可能な耕地面積をほぼ確定することができるのである。この事実は、土地保有、農地の分散的なシステム、家族の分割の頻度、そして世帯の小ささなどに広く影響を及ぼしている」。

「繰糸過程に入る前に、この過程の生産量と生産費の推計を試みてみよう。一家族が育てる繭の総数は、家屋の大きさと従事可能な人数によって決まる。繭は一・五メートルに一メートルの長方形の浅い容器で育てられる。この容器は棚に入れられる。一つの棚に八つの容器が入る。農家一軒は五つの棚を入れるだけの広さがある。産卵台紙（標準の大きさ）から孵化した繭が成長したならば、それを入れる棚が必要になる。一人の人間は二つから三つの棚を管理できる。一つの棚から三四ポンドの繭ができ、それを繰糸すると四八両（三・四ポンド）の生糸を生産することができる。改革後は、繭の一戸の平均生産量は約二〇〇ポンドで、一〇〇ポンドにつき六〇元から七〇元で販売される。

一棚の繭は約四〇〇ポンドの桑の葉が必要である。桑の葉の価格は繭の成長によって変動する。

もっとも高価な時期は一〇〇ポンドが三・五元になることもしばしばである。最低価格は一・五元を超えない。繭を育てる費用は三〇元から四〇元となろう。その他の費用を加えて、労働力の費用を計算からはずすと、繭の生産費は一家あたり約五〇元である。繭が売られれば、一家平均七〇元から九〇元の収入になる」。

聞き取り調査から得られる知見や推定を、数字でもって確証しようとしているのがわかろう。費孝通の推計的記述法は、マリノフスキーの民族誌的論文においても、またロンドン・スクール・オブ・エコノミクスで学んだ同僚のモノグラフにも見られない特徴として指摘されるべきものである。統計や推計的計量は必ずしもすべてを説明することはできないが、しかし少なくとも説明を論証してみせることができる。聞き取り調査資料は、農民が彼ら自身の生活をリアルに語って現実を的確に表現することが多いが、しかし必ずしも確証できる事実ばかりとは限らない。費孝通はこの落差を可能な限り統計的な推計を用いて確認しようとしている。このような特徴は、費孝通が清華大学でシロコゴロフから形質人類学と計量的方法を学んだ経験に由来すると見ることもできよう。また、一九三〇年代の社会学の一つとして家計調査から生活実態を分析する方法があり、北京大学の社会学研究室などが精力的に研究を蓄積していたという事実が背景にあるのであろう。デュルケムの『自殺論』の単純な統計的比較法が、統計的手法として精錬されてはいないが素朴な説得力を持つように、費孝通の推計的記述法は現実を読者に理解可能な形で説明する手法として説得力を持っている。

(3) 比較的手法への展開

Peasant Life in China に見られる費孝通の中国農村に対する関心と方法的な態度は、以後の農村社会研究の基調として引き継がれ、一九八〇年代の小城鎮研究に展開する。まず、一九三八年にイギリスから帰国した後、直ちに着手した雲南農村調査の手法を検討しよう。

昆明に帰国すると直ちに雲南大学と西南連合大学との若いスタッフで、雲南の農村調査に着手している。江南に位置する開弦弓は、世界市場経済の影響をもろに被って、家内手工業の生糸生産は衰退し、土地の所有権は鎮に住む不在地主の手に集中しようとしていた。これに対して、内陸にある雲南の農村は上海などの大都市に近い江南の農村と異なって、近代商工業の影響をそれほど深く浸透させてはいなかった。中国全土が戦争下に置かれようとしている中で、雲南の農村の土地の保有形態はどのような特色を持つか、また、農民の生活はどのような変容を被ろうとしているか、実体的に明らかにしようという意図であった。

研究の対象は、昆明の西一〇〇キロの盆地に位置して稲作を中心とする禄村、昆明から三〇〇キロの山村にあり竹籠などの製作と製紙を副業とする易村、玉渓県城の付近にあって蔬菜栽培に特化している玉村の三村である。三村は雲南にあるとはいえ、都市との距離、耕地面積の多寡、気象と地理的な条件などによってそれぞれ異なった特色を鮮明にしている。調査は費孝通が中心になり張之毅など若い研究者の参加のもとに実施された。三村の報告書のうち『禄村農田』は費孝通自身の執筆によってまとめられた。『易村手工業』と『玉村農業和商業』は張之毅による執筆であった。

雲南農村の特色を一気呵成に論断することはできない。それぞれの特色を解明しながら、その特色を全体像の中に位置づける手法をとるが、これは費孝通が後に「類型」もしくは「模式」として定式化する方法である。三村を類型比較法を用いて論じる視点として、都市との社会的な距離と副業の展開という問題があった。三村のモノグラフの記述も、そのような構成になっている。以下、モノグラフの内容を簡単に紹介しよう。

禄村は昆明から西約一〇〇キロにあって昆明と遠くはないが、海抜一六五〇メートルの盆地に位置しているので地形と気候は大きく異なっている。豊かな水田に恵まれて米と空豆の生産を主としており、自給的な農業を発達させている。副業は塩を運搬する人夫として出るのがもっとも多いが、下層の農民がこれに従事するだけである。この点で製糸業を発達させ、都市との交易を不可欠としている開弦弓とは対照的とみなされる。とはいえ、一家族が所有する耕地は平均五・七畝と、多くない。全く農地を持たない家族も三一パーセントもある。これに対して土主廟などの廟地、一族の所有する公地、そして至聖会、洞経会、老人会など信仰・親睦団体が所有する土地があり、家族が所有する土地の過小を補っているのである。耕作は自家の労働力でもってするのが基本であるが、農繁期には周辺の山地から季節労働者がやってきて、労働力を供給している。労働力を安く得ることができるので、土地に余裕のある農家は自らが耕地に出て働くことを忌避しようとする傾向が強いという。当地では、土地は安全な財産とみなされている。しかし、家産は兄弟間で均分されるので、規模の大きな土地所有者も次の世代には小地主になってしまうのである。しかも、農業の経営からする利益だけでは、土地を集積するだけの資本は蓄積できない。このような地域は、都市の資本が流入して土地の所有権が村外に流出することが比較的小さいと結論を述べている。

易村は昆明から三〇〇キロ離れた山村で、しかも易村に通じる道は急峻でロバに乗って三日を要する。山間にS字型に広がる五四戸の集落である。本村の人が耕作する面積は四〇八畝、このうち村内に所有する面積は約二三五畝である。その差は村の周辺に開拓して広げた土地である。米、空豆、家畜の飼料を育てるが、米の生産性は禄村の六割に満たない。農業だけに頼ると、自家の食料にすら不足する家は五分の二、衣食が足らない家は五分四と計算している。この不足分を補うのが竹製品の製作と紙の生産である。原料は村の周囲に植えている竹である。箱や籠など一〇種以上の製品を作って、県城や市場で売る。当地で生産する紙は、祖先祭祀などの紙銭として使われるものである。紙の生産では、竹を砕く石臼、竈、大きな木製の桶などを準備しなければならず、五〇〇元から六〇〇元の資本が必要である。易村では二〇戸が九つの作業場を経営している。紙の製造は当地では大きな利益をあげる唯一のもので、経営者はその利益を土地の取得に投資する。村の周囲の土地は彼らによって買い集められる傾向にあるという。しかし、当地で生産される紙は品質が劣るので、販売される範囲は限定されている。また、投資関係は地方的な範囲にとどまり、開弦弓のように都市との関係に発展しない。

玉村は玉渓鎮に隣接し、また社会学研究室として借りている呈貢県の魁星閣にも比較的近い。交通の便がよく、土地が蔬菜の栽培に適しているところから、菜園の経営村として知られていた。一五六戸、七八五人、農地五五六畝、菜園地一〇九畝の村である。栽培される蔬菜は、白菜、大根、ちしゃ、ニラ、冬瓜、青菜である。一般に富者は菜園経営を嫌うといわれている。菜園は多大な労働力を必要とするからである。実際には、田を所有する面積が大きい家族ほど、菜園地の所有も大きい。しかし、大きな土地を所有する家族は玉渓の県城に移り住んでいる。彼らは地代を商業に投資し、商業からあげた利益で玉村に土地を買い集めている。商業と土地所有とが相互に結びついて、資本を拡大しているのである。土地が不足する農家は土地を借りるが、その場合、県城に住む不在地主に土地を借りるので、県城と村との間に地主・小作の関係が生まれている。これが玉村の土地経営の特徴だと結論を述べている。

さて、『雲南三村』は以上紹介したように、三村の特徴を比較的に論じている。条件の異なる村落を比較的に論じることで、それぞれの特徴を明確にし、全体的に理解するための位置関係を示すことができる。都市や県城との距離、副業の存在形態、土地所有の三つの要素から引き出した結論は、次のようになろう。

禄村は豊かな耕地に恵まれて、副業は発展しないで農業による生活を享受している。昆明に遠くはないが、地理的な形態から社会的には関係が薄い。易村は県城から遠く離れており、山村に位置しているので農業だけで生活することはできない。竹籠編みと製紙業を副業としている。しかし、地方市場で消費されるだけで、郷や鎮との経済的・社会的関係は薄い。玉村は県城に隣接する村落で、農家の関心は米作よりも蔬菜栽培に重きがある。しかし、蔬菜の栽培は土地を多く持つ農家からは忌避され、土地の比較的少ない農家によって担われているのである。また、土地を持つ家族は県城に移り住み、商業に投資をしている。商業から得た利益は、農地を買い集めるのに使われる。こうして、地主・小作関係は都市と農村の関係に表現されるのである。

全体としてみるならば、江南に位置する開弦弓の産業と農民生活は大都市・世界市場に直接結びついており、土地所有権を失った農家が多い。これに対して、昆明の村は土地を保有している小農民によって構成されており、地域的な社会範囲の中に生活が自足している。また、農村が土地と資本の関係で都市と結びつくのは、県城との社会的距離が要因として大きいのではないかと推測している。とはいえ、昆明においても日本との戦争と国民党による農村の搾取はさまざまな影響を生みだした。労働力の高騰、農村工業を振興するための資金不足、資本の有効な投資先がなく土地の買い占めに使われていることなどである。江南の農村と形は異なるとはいえ、昆明の農村も経済的な疲弊を経験せざるをえないことを指摘している。

以上のように、『雲南三村』では、後の「類型比較法」、あるいは「雀の解剖」と名付けた手法を試みている。江南の開弦弓と雲南三村、そして雲南三村を類型的に比較することで、比較という光の照射でそれぞれの特徴を析出させており、中国農村の全体像の理解に向けて相互の姿を関連させている。

（注1）中国の合作運動については、次の著書に詳しい。
菊池一隆『中国工業合作運動史の研究』汲古書院、二〇〇二年

4 『小城鎮大問題』——郷鎮企業の創設と農村の再建

(1) 郷鎮企業と農村再建

一九五七年に始まる反右派闘争で、費孝通、呉文藻、潘光旦をはじめとした中国社会学を担う主要な人材は右派とみなされ、逼塞させられた。その後、文化大革命が勃発した一九六六年には、「人民の敵」「牛鬼蛇神（妖怪・悪人）」として引き回されるなど、社会学者・人類学者としての生命はおろか人間の尊厳までもいっさいを引き裂かれる攻撃を受けた。寝食をともにした潘光旦は持病を悪化させて、一九六七年に死亡している。このような状況から解放されたのは、一九七六年のことであった。実に二〇年間の打撃的な空白を余儀なくされたのである。一九七九年三月に社会学が正式に再建され、沈黙を強いられていた費孝通が、それまで暖めてきた農村振興のアイデアを実践的に検証したのが小城鎮研究であった。費孝通はすでに七〇歳になろうとしていた。

費孝通が故郷の江蘇省呉江県を手始めに、小城鎮の調査を本格的に開始したのは一九八三年晩春から初夏であった。この調査を土台にして、一九八三年の冬に蘇南の蘇州・無錫・常州・南通の四市を調査し、一九八四年四月下旬には江蘇北部での調査を実施した。蘇南四市は江蘇省で経済的にもっとも発展している地区であり、これに対して蘇北は農村工業（「郷鎮企業」）の発達が緩慢な地区であった。一九八四年の秋には揚州・南京・鎮江の調査を敢行している。わずか二年の間に江蘇省のほぼ全域をまわって、小城鎮研究の位置づけ、調査手法や「模式」の概念など、基本的な研究枠組みを提示している。江蘇省での小城鎮研究の目処がつくと、さらに一九八五年から一九八六年にかけて内モンゴルと甘粛省に出かけて、辺境地区開発の研究に着手した。江蘇省調査から得た知見は『小城鎮四記』（一九八五）として、内モンゴル・甘粛調査は『辺区開発与社会調査』（一九八七）としてまとめている。すでに七〇歳を越えた費孝通が、二〇年間の空白を埋め合わせ、「第二の学術生命」を蘇らせるために、濃密な仕事を自身に課したことをうかがうことができる。

中国の農村の生活は、「集市」・「墟」とよばれた定期市や、商店が軒を連ねている「鎮」を中心とする経済的交易や社会的往来の中に構成されていることは早くから注目される事実であった。社会学者たちは、農村社会が「集市」や「鎮」が形成する市場圏の中に構成されていることに関心を持ち、各地で実証な研究を蓄積してきた。その主だったものに、喬啓明の「江寧県淳化鎮郷村社会之研究」（一九三四）や楊慶堃（C. K. Yang）の *A North China Local Market Economy*（1944）などがある。前者は南京市の東南の近郊に位置する。後者は山東省の済南と青島の中間にある鄒平県で研究された。さらに、W・スキナーは一九四九年と五〇年に四川省で実施した研究をもとに、市場の位階的な構造とその歴史的な変遷をモデル化してみせた（*Marketing and Social Structure in Rural China*, 1964

-65)。費孝通は *Peasant Life in China* で、中国の農村は過剰な人口を抱えて、農家の生活は副業でもって支えられており、鎮などの市場との緊密な経済・社会的な関係を発達させていることを指摘している。喬啓明にしても楊慶堃にしても、農村の貧困を改善するためには、生活の共同の範囲を基層の市場圏が構成する「郷村」の中に認め、これを社会生活の単位として人々の活動を組織しなければならないと結論づけている。また、山東省鄒平県で農村生活の改善運動を指導した梁漱冥も、文化の改善・教育改革を中核においたが、その活動は県城や鎮を中心にした「郷村」の存在を前提としている。共同的で自足的な社会は「郷鎮」「集市」を中心とした複層的な社会圏として構成されているという構想は、中国社会学者には共通していたのではないだろうか。

費孝通は江蘇省の調査から得られた知見をもとに、「小城鎮の発展の中国における社会的意義」を次の八点にまとめている（『小城鎮的発展在中国的社会意義』一九八四）。

① 小城鎮は、農民の農産物と手工業製品を交換する場、土地の産物の製造・集散の地として長い歴史がある。これには、定期的に人々が集まる集市（街、墟）と、商人などが聚住し店舗を構えた集鎮がある。この他、軍事・統治の中心地として城壁を構えた城市がある。集市、集鎮、城市はそれぞれ異なったレベルのもので、機能が異なる。集鎮はいくつかの農村を影響下に持

つ経済・政治・文化の中心で、この集鎮の中に関連づけられる農村は「郷脚」と呼ばれる。行政区分からすると、県鎮、郷鎮がこれに相当し、上は城市に、下は村に繋がっている。

②　解放後、物流が制限されたために、商業に基礎をおいた集鎮は衰落を見せ、集鎮の人口は減少した。都市人口は激増し、農村人口は過剰状況となり、人口分布は中間が狭くなった瓢箪型をとるようになった。一九七八年に「左」路線が修正されてから、郷鎮工業の積極的な展開で農村の大量な過剰労働力を吸収し、農民の収入を拡大している。

③　中国の人口は一〇億人であるが、このうち九億人は東半分に住んでいる。東に多く、西に少ないという、きわめて不均衡な状況がある。また、市鎮人口は二億人、農村人口は八億人である。市と鎮との区分では、二三六六の城市に一億四千万人、二六六四の集鎮に六千万人が住む。このように、都市と農村、城市と集鎮の人口分布にも不均衡が存するのである。東西の地域間、城市と農村間の二つの不均衡は甚だしすぎる。

④　二〇〇〇年には人口は少なくとも二億人は増加する。現状を維持すると瓢箪の両側が極端に膨張して、都市と農村の双方が行き詰まらざるをえない。人口問題を囲碁にたとえるなら、二つの目をつくる必要がある。一つは小城鎮を発展させ都市と農村との間の人口貯水ダムとすること、もう一つは地域間の格差を縮小し人口流動を加速して、過密を解消することである。

⑤ 「離土不離郷（土地を離れても郷里は離れない）」の新しい方法を生み出してこそ、大量人口の貯水ダムの建設は可能になる。農民は住居や戸籍を変えることなく、日中は鎮や村の工場、商店、機関に働きに行き、夜は自家に帰宅する。このようにすれば、大量の民家を改めて建設する必要もない。「離土不離郷」は農民に工業と農業を兼業させることになるが、かつての家庭手工業にもあったことで、伝統的な「男耕女績」（男が耕し、女が紡ぐ）にも似ている。また、言い換えれば、「以工補農」（工業でもって農業を補う）、「以工養農」（工業でもって農業を養う）といえる。

⑥ 社会生活のいろいろな方面に都市と農村の格差は相当大きい。そこで、工業を農村、もしくは農村から遠くない鎮に送って、生活における現代化を農民の家庭の中に送り込もうというのである。このようにして、中国の工業化と現代化が都市と農村との格差を拡大するのではなく、新しく工業化された郷村を形成しようというものである。

⑦ 江蘇省の事例では、郷鎮工業は労働者と農民を結びつけるばかりでなく、知識階層を労働者・農民と結合することにもなっている。科学技術革命の時代にあっては、このことはとりわけ重要な意味を持つ。

⑧ 郷鎮工業の発展は、中国に特有の社会主義の道を創出する手助けとなるだろう。郷鎮工業は

歴史的な必然性があり、家庭の中で男が耕し女が紡ぐという工業と農業とが互いに補い合う基本的な模式の発展形態である。この問題をしっかりと調査し、理論的に深めるならば、郷鎮工業の優れた点と同時に欠点も量ることができ、農民のあたらしい創造的な意義を見いだすことができる。

以上の文章の中には、費孝通の研究に貫かれているテーマ、すなわち農村における過剰人口の活用、農民の豊かな生活の実現、大都市への人口集中の抑制、また、広大な農村の都市化という中国の個性的な歴史発展の可能性など、費孝通が郷鎮企業の生育に期待した戦略的な位置が簡潔にまとめられている。

一九七八年一二月に開催された中国共産党第一一期三中総会における歴史的な転換以降、一九八〇年代における経済改革・開放における郷鎮企業の果たした役割はめざましいものがあった。宇野重昭によれば、一九八九年から一九九〇年にかけて「過熱現象」があり、販売市場が混乱し、資金不足が表面化し、エネルギーの無駄遣いや原材料の浪費、生産品のむら、環境汚染が問題化し、相対的に成長率が鈍化したという。郷鎮企業の乱立という状況を見たのだが、農村が郷鎮企業に期待したものの大きさを推察することができるのである。金融の引き締め政策などによって、百万前後の郷鎮企業が淘汰されたといわれている（一九九四）。しかしこの調整期を経て、郷鎮企業は一九九〇年代の前半に再び大きな飛躍を見せ始めた。一九九五年の統計では、企業数二二〇二・七万企業、従業員一億二八六二万一〇〇〇人、総生産額六兆八九一五億二〇〇〇万元へと成長した。今日においても、一企業あたりの従業員は平均五・八人にすぎない。郷鎮企業の多くは、大都会から距離のある農村部の小都市において営まれる零細な工場で、資本、技術、人材も不十分な条件で経営されている姿が一つの典型となっている。しかし、費孝通が珠江模式（広東省）、僑郷模式（福建省）と名づけた発展パターンは、零細で脆弱な企業と全く異なる姿を現している。これらの特色は、香港企業や華僑資本など外部との緊密な関連を持っているところにある。海外の資金を受け入れ、最新の設備を導入し、原材料の購入と商品の販売を国際市場に開拓しているのである。中には数千人の従業員を雇用する大企業も出現し、三・四万人の外来人口が住み、村の人口の八割以上にもなったスーパー・ビレッジといわれる村落も広東省では珍しくない。一九八〇年代初頭は、農村で地域の潜在能力を発掘し、余剰労働力、農民の小資本による小規模な工業を興すことに主眼があったが、一九九〇年代後半の沿海地区では、農村から工場地帯を生み出す推進力として成長している。

郷鎮企業の農村に与えた効果からするならば、郷鎮企業は農民に就業機会を拡大しただけでなく、郷鎮企業で得る収入は農業の平均収入を上回っており、農民の生活を豊かにするという費孝通の第一の目論見を達成している。さらに、郷鎮企業の収益は鎮、郷そして村に還元され、農業の機械化、学校の建設、道路の整備など、農村の生産と社会生活の基盤整備を可能にしている。郷鎮企業から上納される税金は郷や鎮、村の行政を財政的に支えており、農村地域の基盤整備には不可欠のものであったということができる。

しかし、次のような問題も指摘されている。

第一にあげられるのは、郷鎮企業が成功する条件を備えた地域と、条件に恵まれない地域との格差の拡大である。沿海地区は海外からの資本、技術、設備を導入する条件に恵まれており、郷鎮企業が持続的に発展している。しかし、大都市の近郊農村地区でも、企業が一時的に活況を呈することがあっても、過当競争、資本の不足、技術改良の遅れなどから、市場から撤退していくことも珍しくない。村や郷鎮が単独で企業を経営することは難しいという現状がある（佐々木衞・柄澤行雄編、二〇〇三）。第二に、都市への流動人口の激増である。経済の地域間格差が大きくなれば、就業機会に恵まれ、賃金の高い地域に人々が移動するのは抑えられない。とりわけ、広東省珠海などの新興地域では労働力を外来者に頼る必要があり、住民の中での流動人口の占める割合は高い。都市へ移動した外来者は、一九九四年以降に単身で来住した人が多く、彼らが当地に定住できるかどうかは不確定なところが多い（王奮宇・李路路など、二〇〇一）。しかし、彼らが一時的な滞在者となるにしろ、農村部から大量の人々が大都市に移動する傾向は、不可逆的な事実となっている。地域間格差ばかりではなく、個人レベルでは所得配分の不平等、階層間格差の拡大も指摘されている。また、労働環境・就労条件、社会保障制度の整備なども課題として指摘されている。郷鎮企業による環境汚染も深刻である。中国の自然の剥奪は歴史的にもすさまじいものがあるが、廃水、廃棄物の投棄、エネルギー燃焼から排出される汚染物質の量は世界最大国の一つである。汚染物質の管理・制御が困難な要因、あるいはエネルギーの浪費の要因が、小鉄鋼所、炭坑、農業機械工場、小型セメント工場、小型発電所などの小工場が村の中に散在することにあるとみなされている（小島麗逸、二〇〇〇）。

以上、課題とされている問題を羅列したにすぎないが、経済の改革・開放、市場原理の中で「国営企業」、「人民公社」体制を構造的に転換する過程と軌を一つにしているのがわかるだろう。したがって、郷鎮企業の成長、地域社会への貢献・役割、発生する問題は、中国社会の構造的転換に位置づけることで正確に評価することができ、その歴史的な位置も明確にすることができると考える。地域間格差、流動人口の増大をはじめ、先にあげた諸問題は、中国社会のシステム転換の中で全体的に検討されてはじめて、問題間の相互的な関連と、問題を解決する見通しを立てることができるのであろう。だが、今日の中国社会学者の関心からすると、郷鎮企業を育生する課題は、中国の工業化・産業化の初期段階のテーマであって、すでに「過去」のテーマとなったという評価が一般的になっている。事実、今日の関心は、人口移動、階層移動、社会保障制度、環境問題などに集中している傾向があり、郷鎮企業への関心は薄くなっている。

しかし、郷鎮企業の農村における役割は少なくなったのであろうか。

郷鎮企業は、農村での雇用機会を生み出し、農業外の収入をもたらす有力な源泉として貢献してきた。企業が集団で経営されている場合はむろん、個人経営や私営の経営でも、相当な金額が地方政府に上納されている。この上納金で、村や郷鎮は農業の機械化、灌漑設備の設置などをすすめ、道路の改修、学校建設、住宅地の開発など、農村のインフラストラクチャーを整備した。さらに、村民の養老年金、奨学金、村幹部や役職者の給与など、村の行政と活動を財政的に支えている。中国の地方行政の末端では、国の交付金に頼る制度はなく、郷鎮にしろ村にしろ行政の活動は独自の財政によってはじめて可能となっている。郷鎮企業が利益をあげて多額の上納金を集める村落や郷鎮では、立派な学校が建てられ、優秀な教師を招聘することもできる。村民が新たに企業を興す場合、必要な資金を借りることもできる。逆に、上納金を集めるのが難しい村落では、このような便宜を提供することができないこともまた明らかな事実なのである。しかも、村人が豊かな財政に裏付けられたさまざまな便宜を受ける場合、村人の中では便宜の享受は平等に、しかし、便宜の供与は村の外に漏らさないという格差、つまり「本地人の間の平等」と「外地人に対する格差」の構造が存在している（熊谷苑子・桝潟俊子・松戸庸子・田島淳子編著、二〇〇二、佐々木衞・柄澤行雄編、二〇〇三）。人々が生活の本拠とする村（「本地」）に工場を導入し、働く場の確保はむろん、利益を村に還元して村を振興するという期待には、私たち日本人には予想を超えた切実なものがあるように思われる。

郷鎮企業には、都市への人口集中をともなわない産業化、農村への工業の導入、農業と工業との補完、農村と都市との格差の是正など、西欧の先進国が経験した近代化の弊害を回避する産業化の代替モデルを期待するところもあった。鶴見和子の「内発的発展論」は、費孝通の論をさらに敷衍して、近代的な高度経済成長や国家中心の政治に対する異議申し立ての性格を強く表している。鶴見和子の論には、まず第一に、一九六〇年代のアメリカ社会学における近代化論、すなわち、産業化した先進国が発展の模範となる単系的・段階的な発展モデルへの挑戦がある。第二に、発展を物質生活の向上の側面に限定しないで、「もう一つの暮らしの流儀」の実践をとおして、新しい社会変化の可能を主張する。第三に、地域の条件、すなわち、固有の自然生態系、文化遺産（伝統）にもとづいて、外来の知識・技術・制度などを照合した、自律的に創出する多系的発展モデルの可能性の提示を試みている。

費孝通による郷鎮企業の育生論は、農村に工業を振興するために、地域に潜在している可能性をくみ出すというところに特徴がある。費孝通の小城鎮研究は、故郷の江蘇省南部の太湖周辺の農村から始めて、江蘇省のほぼ全域を巡り、さらに甘粛省など西部の貧困地区、そして温州・浙江省、広東デルタにまでおよんでいる。調査に赴いた各地で、蘇南模式、民権模式、温州模式、耿車模式、珠江模式など、地名をつけた発展模式を見いだしている。これには、「特定の地域と特定の歴史的条件下において、特色のある経済を発展させるやり方がある」という認識がある（費孝通、一九九四）。一つの例を引いて紹介しよう。「温州と浙江省の一部沿岸地域はもともと貧しいところで、人口は多いのに対して土地は少ない。単なる農業生産だけでは衣食を満たすのも難しい。こういう地域の農民は、人民公社制度が解体する以前に、貧困に迫られてよそへ出稼ぎに行く人が少なくなかった。たとえば、大工、裁縫、靴の修理、綿打ちなど、投資を要しないサービス業に従事した。一時期、浙江出身者は遠く辺境の小さな町にまで足をのばした。この移動する労働大軍が勤倹節約してよそで儲けたお金を故郷に送り、それが蓄積された。そして温州とその周囲に『家庭工場』を発展させるための資金となった。それを〝温州模式〟と呼ぶわけである」（費孝通、一九九四）。革靴、衣料品、眼鏡、ライターなどの生活用品を生産する中小企業から、電機部品を製造する大規模企業まで、有名ブランドに成長した会社も現れており、温州は中国でもっとも私営企業が発達したと評価されている。費孝通は、温州の発展の初発の原動力を、出稼ぎ労働で貯えた金と、裁縫や靴の修理などの技術に見いだしている。これは、蘇南の小城鎮の繁栄が解放前からの農村手工業の伝統と、一九七〇年代からの社隊工業の発展からもたらされているのと全く異なっている。このように、地域の歴史的な条件や経験の中から、新しいものに転化させる道筋を探り出そうとしたのである。

費孝通は、「新しいものを生み出す古い事物を研究し、ひいては古い形式を用いて新しい事物を発展させ、最終的には古いものを新しいものに転化させなければならない」と記している（『小城鎮　大問題』一九八三）。農村住民の生活上の問題を解決する道を、地域の歴史的条件と経験の中にその可能性を求め、また、担い手やリーダーの責任感や組織者としての能力、あるいは職人・技術者としての力など、創業者としての役割を強調している。この点では、鶴見和子の「内発的発展論」と軌を一つにするところがある。しかし費孝通は、資金、技術、労働力、組織者のすべてを地域内で調達しなければならないとは考えていない。典型的には広東デルタの私営企業の展開がそうであるように、資本、設備、技術、さらには経営・管理の方法、あるいは原料の調達、商品の販路など、外部に依存することも大きいのである。蘇南地方においてさえ農村工業の初発の条件を見ると、解放前、当地の農村から上海に多くの人が近代的工場の労働者として出て近代技術を身につけていたこと、また一九七〇年代の社隊工業の振興においても上海から下放された技術者の援助が得られたことを指摘しており、〝内発性〟を過度に強調することを戒めている（一九九四）。近代化論への批判とオルターナティヴな発展モデルを強調する理想主義者の鶴見和子とニュアンスが異なっており、農村の貧困を解決するために現実主義者として対応する費孝通のプラグマチックな側面を見ることができる。

(2)「模式」論

小城鎮の研究では、「模式」という言葉がキータームとして使われている。

『雲南三村』では、都市との距離が異なる三村を比較的に論じることで、それぞれの社会的性格を特徴的に描き出し、農村が近代的な産業化に取り込まれていく三村の位置関係を検討している。*Peseant Life in China* をはじめとする初期の地域研究にも、村落の小さな一つの事例から中国農村の全面的な理解へ、そして中国社会の全体的な理解に接続しようとする構想の萌芽を見ることができる。「中国には幾千万の農村があるが、千篇一律で大同小異ということでもないし、また千変万化するそれぞれの村が別個の構造を持っているのでもない。そこで、「類型」もしくは「模式」という分類的な分析とでもいう考え方を生みだしていた」と述懐している（『雲南三村』「序」一九九〇）。

「農村の社会構造は、万華鏡のように状況に応じていろんな模様に変化すると考えることはできない。同様の条件のもとでは相同する構造が生まれるのであり、条件が異なれば異なった構造が生じることはいうまでもない。条件は比較可能なので、それゆえ構造も比較できる。われわれが一つの具体的な社区について、社会構造のいろんな分野の内部関連を明瞭に解剖することができ、また構造を生みだす条件を詳細に検証するならば、つまり一羽の『雀』の五臓六腑と生理循環の理解とでもいえるが、一つの具体的な標本を獲得したということになる。この後、条件が類似する社区や条件が異なる社区を観察する場合、すでに獲得した標本と比較すると、同じような事例や類似した事例を一つの類型とすることができ、異なった事例やかけ離れた事例を区別することができる。このようにして、異なった類型もしくは模式を考案することができる。これが類型比較法とでもいうことができる方法である」（『雲南三村』「序」一九九〇）。

右記の引用には、費孝通が「雀の解剖」にたとえる「類型比較法」の手法が簡潔に紹介されている。地域の社会構造分析では、村、集市、郷・鎮、県という幾層にも複層する地域単位から、生産、流通、販売のルート、人の移動やネットワークなど多方面・領域について、その構造と機能連関を緻密に調べるならば、まず、一つの標本を獲得することができる。この標本をハンドブックとして他地域を観察するなら、その地域の特徴を標本との差違として把握することができる。このようにして、標本をつぎつぎと累積的に拡大することで、体系的な標本集の作製、すなわち中国農村、そして中国社会の全体的な理解に到達していこうという構想を推測することができよう。

費孝通は『従史禄国老師学体質人類学』（一九九四）で、シロコゴロフから学んだことを次の二点にまとめている。一つは「類型比較法」で、日常的に体型や容貌の印象で民族を互いに弁別しているが、これを統計的手法を用いて相同、類別を明らかにして類型として析出する手法である。もう一つは「マクロな民族史研究」とも呼ぶもので、民族と文化が構成されるダイナミックな構造を、中国全域を視野に入れて民族の移動、融合、個性化から考察しようという視点である。費孝通はこの社会人類学的手法を地域研究にも用いて、「雀の解剖」と称する「微」の具体的な生活の子細な観察から微型を析出し、他の「微」との比較を可能にし、微型の蓄積と微型間の相互の連関を明らかにすることで全体像を構成する（「民族社会学調査的嘗試」、一九八二）という方法論は、すでに紹介したとおりである。また、一九四七年に出版した『郷土中国』でも社会構造の「格式」（pattern, configuration, integration）を比較によって析出することを「社区分析」の課題としているのを見ると、シロコゴロフから学んだという「類型比較法」は、費孝通に一貫した方法的な態度であったということができる。

しかし、比較法のキータームである「類型」（もしくは「類別」）が「模式」に展開するには、次のような視点の移動があったと費孝通自身が説明している。八〇年代に郷鎮企業が叢生することで、あらゆるタイプの郷村が工業化の道を歩むようになった。各地の村や郷鎮は地理、歴史、社会、文化などの面でそれぞれ違うため、現代経済の発展過程でとられる方針も違っている。模式というのは、発展の仕方を類別するという概念を用いることで、各地の背景や条件によって異なった発展上の特色が探索でき、異なった模式の比較研究へ導くことができた。しかし、当初は各地の条件や経験の違いを強調しすぎ、各模式の相互作用や、互いに見習って合致する面を疎かにしたと反省している。地域の発展が進んで社会的条件が変われば、発展の模式も変化しなければならない。また、各模式そのものの変化の中から、それらに共通する発展の方向を見いだすこともできる。つまり、模式を静態的に構成するのではなく、発展の条件や方向を見いだすためのダイナミックな観点が必要なことを論じている（一九九四）。類型から模式へのタームの変化は、家庭内の副業として経営する「庭院経済」、都市の大中型企業と結びついた農村の郷鎮企業の展開、そして外資を受け入れた外向型企業など、郷鎮企業のあらゆる形態の可能性と、その発展の条件をダイナミックに論じようという実践的な観点への展開を見ることができる。

以上からもわかるように、費孝通の「類型比較法」は、仮説の立て方、論証の方法、理論の展開において帰納的な手法がとられている。模式は、「雀の解剖」から始め、これを一つの標本として、つぎつぎに事例を収集、分類、整理するという手法からなっている。一九八一年に蘇南の故郷から着手して、江蘇、浙江、福建、広東珠江デルタ、広西、さらに、黒竜江、内モンゴル、寧夏、甘粛、青海、そしてまた、中部の河南、湖南、陝西などなど、郷鎮企業のさまざまな形態をたずねて、一〇年間にわたって全国を巡っている。「行行重行行（行き行きて、また行く）」（一九九一年）という表現がまさにふさわしい。さきざきで人々と語り合い、人々の活動の中に新しい経験を発見していく。各地の経験は、それぞれの独自の条件に規定されており、独創的ではあるが相互に関連がなく一見ばらばらに見える。しかし、互いに比較的に整理してみると、地域が発展するための必要条件や方向が見いだされていくのである。したがって、全体の見取り図の作成は、標本の収集の後に、標本間の関連が系統的に説明されてはじめて可能になる。また、模式間の関連を比較的に省察するという視点は、他者との対照で自己を観察、発見するというプロセスでもある。そして、他者と比較対照することで、自らの新しい発展を創りだす可能性を発見する。模式概念が静態的な分類モデルから、ダイナミックな変動モデルに展開したという費孝通の先の説明は、全体の見取り図に到達し、各地の経験を全体像の中に位置づけていく道程を表しているといえよう。

費孝通の「類型比較法」は、解釈のための統一的な理論が前提となって、仮説が引き出され、論証するという演繹的な方法と異なるところである。仮説を論証する資料を収集するために効率よく調査をするという方向とも異なる。行くさきざきで対象に出会い、多方面、多分野から、いろいろな領域で観察し、要因間の構造を内省的に構築するという姿勢は、「出会いによる発見」と形容できるのではないだろうか。

引用文献（日本語による文献）

宇野重昭（一九九四）「農村の工業化と外向型発展への新展開」（宇野重昭・鶴見和子編『内発的発展と外向型発展　現代中国における交錯』東京大学出版会、所収）

佐々木衛・柄澤行雄編（二〇〇三）『中国村落社会の構造とダイナミズム』東方書店

王奮宇・李路路等著（二〇〇一）『中国城市労働力流動』北京出版社

小島麗逸編（二〇〇〇）『現代中国の地殻変動6　環境——成長への制約となるか』東京大学出版会

熊谷苑子・桝潟俊子・松戸庸子・田嶋淳子編著（二〇〇二）『離土離郷』南窓社

鶴見和子・川田侃編（一九八九）『内発的発展論』東京大学出版会

費孝通（一九八三）「小城鎮　大問題」（一九八八、大里浩秋・並木頼寿訳『江南農村の工業化』研文出版社、所収）

費孝通（一九九四）「内発的発展と外向型発展——回顧と展望」（宇野重昭・鶴見和子編『内発的発展と外向型発展　現代中国における交錯』東京大学出版会、所収）

第3章　現代社会学と費孝通

40年代、費孝通の家族と学生

1　一九三〇・四〇年代のアジアの社会学

日本においては、一九三〇・四〇年代は西欧の社会学理論の直截的な紹介を越えて日本の社会学が成熟し始めた時期でもあった。戸田貞三の『家族構成』（一九三七）、鈴木榮太郎の『日本農村社会学原理』（一九四〇）、奥井復太郎の『現代大都市論』（一九四〇）、尾高邦雄の『職業社会学』（一九四二）、有賀喜左衛門の『日本家族制度と小作制度』（一九四三）と、家族、農村、都市、職業に関する日本社会学を代表する実証的研究がつぎつぎと刊行されている。一九三〇・四〇年代は、柳田国男（一八七五〜一九六二）、折口信夫（一八八七〜一九五三）、そして南方熊楠（一八六七〜一九四一）の民俗学が日本文化の基層を論じており、日本の社会学に大きな影響を与えた。また、日本がアジアへの侵略を拡大する時期に対応して、赤松智城（一八八六〜一九六〇）、秋葉隆（一八八八〜一九五四）の朝鮮半島の民族学的研究、金関丈夫（一八九七〜一九八三）、岡田謙（一九〇六〜一九六九）、古野清人（一八九九〜一九七九）、馬淵東一（一九〇九〜一九八八）の台湾研究など、アジアにおける地域研究を発展させている。このようにして、日本の社会学は体制的な性格を強くし、日本民俗学とアジア地域の民族学研究とに密接にリンクして実証的な研究を蓄積した。

中国における社会学は、もっと現実的な社会的課題に対応せざるをえない状況にあった。一九一一年に辛亥革命で清朝を打倒した後、国内の政治統一と近代国家システムの完成を果たせないまま、軍閥による地方分割を許してしまった。一九三一年の日本軍による満州事変（柳条湖事件）は、中国東北地域における日本の侵略を確実なものにし、翌年には満州国が樹立している。一九三七年、蘆溝橋事件の勃発以来、日本の中国侵略は全面戦争に拡大した。戦争による社会資源の破壊、農村の疲弊、都市下層民の貧困化など、社会の全面的な解体を引き起こした。また、国内統一をめぐる国民党と共産党の内戦は激化し、研究活動自体が政治的な色彩を排除できなくなっていた。中国の社会学者は、まずもってこれらの現実に直面し、社会問題に対する社会科学的分析が求められたのである。一九三〇・四〇年代は中国の社会学にとっても成熟期であったが、混迷する社会に直接向き合わなければならなかった中国の社会学は、その展開を日本とは異なったものにしたのである。中国における社会学研究が社会問題の現実的な改革運動と結びついて「社会学運動」と称されたり、中国独自の社会学をめざした「社会学の『中国化』」が期待されたのは、中国における社会学が置かれた状況を表現している。

費孝通は一九三〇・四〇年代に社会学者としてもっとも充実した活動を残した。費孝通の代表作となった *Peasant Life in China*、『生育制度』や『郷土中国』はこのただ中で執筆されたものである。そして、一九八〇年代に中国社会学が再建された時期、費孝通はその主要な担い手となって働いた。

中国社会学の存立、成熟、そしてレーゾン・デートルを検討する時、費孝通の著作活動に内包されているパースペクティブの検証を抜きには、その姿を見ることができないのである。

2　費孝通の評価

費孝通を全体的に論じた研究もいくつか著されている。その代表的なものに、アークシュの *FEI XIAOTONG and Sociology in Revolutionary China*（1981）と張冠生の『費孝通伝』（二〇〇〇）がある。費孝通の研究と人物を全体的に把握する一つの試みといえるであろう。アークシュは、費孝通は近代中国の知識界の中で、社会学・人類学者、大衆的な文筆家、西欧文化と中国文化との媒介者としての役割を果たしたと論じている。しかし、それぞれの領域で実際どのような影響を持ったのかという問題について、精緻に検討しているとはいえない。アークシュをはじめとして、費孝通の紹介は費孝通の伝記的研究が主となっている。むろんこのような伝記的研究は、費孝通を理解する上で不可欠なことはいうまでもない。アークシュと張冠生の費孝通論には、費孝通が一九四五年に民主党派の一つであった中国民主同盟に参加し、国民党特務の白色テロに追われる緊迫した状況、一九五七年の反右派闘争と一九六六年に始まる文化大革命で学術生命を絶たれた空白の二〇年間など、中国の波乱に満ちた現代史を生きた費孝通の姿を知ることができる。このような危機に面した時の態度は、その人の人柄を露わにしてしまうので、伝記としても興味が尽きないし、費孝通の人と形をうかがう上で貴重な情報を提供している。しかし、費孝通の学術的な評価を論じているとは言い難い。

費孝通と日本研究者との関係には、特別のものがあったように思われる。文化人類学者の中根千枝は、日中の国交が正常化した一九七二年の翌々年に、労働改造校から解放された費孝通を訪問している。また、拘束を解かれた費孝通が国外に出たのは、一九七八年に京都で開催された東アジア学者学術討論会への参加であった。また、*Peasant Life in China* が出版されると時を移さず『支那の農民生活』（仙波泰雄・塩谷安夫訳、一九三九）として紹介された。社会学の復活後は、『生育制度』（横山廣子訳、一九八五）、*Chinese Village Close-up*（小島晋治ほか訳『中国農村の細密画』、一九八五）、『小城鎮四記』（大里浩秋・並木頼寿訳『江南農村の工業化』、一九八八）が翻訳されており、解説、小伝が付されている。

費孝通を日本に積極的に紹介したのは、鶴見和子であろう。上智大学のアジア太平洋研究センターが江蘇省の小城鎮研究会と共同研究プロジェクトを組織し、地域の発展の内在性と複層性に着眼した「内発的発展」を検討するというものであった。鶴見和子は柳田国男の民俗学の中に「自生の社会変動理論」を見いだし、社会変動の「垂氷モデル」と名付けている。われわれの日常的生活の背後には、「原始的心性」（基層構造、執拗低音）が根深く生きていて、しかも現代社会に対して一種の賦活力を備えている。したがって、社会の変動は複層的な構造を持っており、一方向的、直線的、単線的な段階論として捉えるのではなく、多系的、複合的な構造を考える必要があるというのである。鶴見和子は費孝通の模式（モデル）という考え方の中にも、柳田国男に通じるものがあるのではないかと論じている。つまり、小城鎮での企業の発展は各地の事情に合わせて、異なる発展の経路があることを強調している。また、農村＝小城鎮社区を「基地」として、大都市＝外発型の大規模工業化「基地」との新しい関係を探索することを主張している。中国自身の、そして各地域に固有の歴史的経験、社会構造、精神生活の内から将来の発展の方途を探ろうとするもので、欧米の近代化論に限定されないもう一つの道の可能性があるというのである。鶴見和子は費孝通の小城鎮研究を、柳田国男の「自生の社会変動論」を実践的に発展させたものとして捉えている。

中国国内ではどのように論じられているのであろうか。北京大学社会学人類学研究所は費孝通の学術活動六〇周年を記念して、一九九六年と一九九七年に国際学術研究会を開催した。一九九六年には韓国、アメリカ、イギリスなどから四〇数人が参加している。一九九七年は台湾、香港からも参加し、六六名が討論に参加した。前者の討論は『社区研究与社会発展』（上・中・下、一九九六）、後者は『田野工作与文化自覚』（上・下、一九九八）として公刊された。この学術研究会で検討された課題は、社会人類学理論と方法、フィールドワークの方法、マリノフスキー理論と実証研究、社会構造・社会組織・象徴体系に関する理論研究、社会・経済過程と生態系との共棲関係の研究、社会変動、少数民族、文化変容と現代化、文化の比較研究と広いが、その基調は費孝通の理論を検証するところにあった。しかし研究会の性格からして、費孝通の業績を賞賛する傾向が強く、社会学理論、技法、研究成果を丹念に精査するという目的を果たしたとはいえない。

費孝通の論集や文集の編纂は今日も続いている。一九八五年に『費孝通社会学文集』（全四冊）として出版されてから、分野別に幾たびも文集が出版された。一九九九年には論考を網羅した『費孝通文集』全一四巻が出版された。毛沢東など政治指導者の論集がたびたび編纂される中国においても、費孝通の論集の出版は異例のことと思われる。しかし、費孝通の論考がこのような特別の扱いを受けながらも、費孝通の社会学理論と業績に関する本格的な論究はまだ出されていないのである。

現代中国の社会学的課題は、増大する私営企業家と階層分化、移動と都市の成長、経済発展する地域と停滞地域との乖離の拡大、「単位」社会の解体と社会保障制度の整備、社区（コミュニティ）の建設、ジェンダーなどさまざまな領域におよんでいる。こうした領域の問題が経済の改革開放の進展、市場経済の導入、市民社会の成熟、消費社会の到来にともなって現れているとすれば、近代化、都市化という欧米の社会学理論の応用によって分析されえる問題であるため、あえて特殊中国的な性格を強調する必要はないとも考えられる。また、農村の余剰労働力は都市に就業機会を求めており、都市への定住志向は高い。中国社会の変動は、費孝通のパースペクティブを越えてしまったと見なされるようなった。中国の社会学者たちは一般に費孝通を過去の人と見ており、マリノフスキーの機能主義文化論の継承者として、中国の社会学の開拓者として、どのように評価されるべきなのかという問題は不問にされたまま「敬遠」されようとしている。

費孝通の活動は、時代のオピニオンリーダーとしての役割に面目躍如たるものがある。一九四〇年代に中国民主同盟に参加し、解放前は国民党の強圧的な政治に反対し、解放後は知識人を代表して共産党の国政に関わった。費孝通が若い読者を引きつけたのは、中国が直面した困難を中国社会の構造の内側から解読してみせたからに他ならない。一九五七年に反右派闘争の対象とされたのも、国務院専家局副局長として「知識分子的早春天気」を発表して、知識分子の積極性を引き出すために自由な意見の交換を求めたからであった。費孝通の評価の難しさは、*Peasant Life in China* を除いて、費孝通の著作の大部分は雑誌に掲載された著作を論輯としてまとめたもので、いわゆる学術書として最初から企画されたものではないというところにもあろう。啓蒙的な時事評論としての性格が強いので、焦点となっているテーマが時代性を失うと、費孝通の理論的パースペクティブと仮説の妥当性を検証することなく、論考への関心が希薄になっていく傾向が見られるのである。

3　費孝通研究の今日的な意義

先に記したように、費孝通の小城鎮研究は過去のものとみなされるようになった。人の移動、資本・技術・情報の蓄積は、小城鎮の範囲を越えて世界に直接繋がっているからである。しかし、中国社会の構造がすべてグローバルな論理でもって展開しているのであろうか。今日の村落の体制は人民公社体制を継承しており、土地を村で共同管理するところに村の行政基盤が存在している。村の共同経営からあがる収益は公益金として村の中に積み立てられ、農業基盤の整備、学校や道路の改修、養老年金、あるいは国から要求されるさまざまな負担の一部を代納するなど、村の財政をまかなっている。これらの利便を享受できるのは、村に戸籍を持つ「本地人」に限られている。外来者は村に住んでいてもこうした便宜からは排除されているのである。子弟の就学では外来者に対して格差があり、「借読」（戸籍所在地以外のところで就学する）といわれて、就学費は村人よりも高く、入学時に寄付金を要求されることが多い。「本地人」間の平等主義、「外地人」に対する格差の二重構造は顕著である。

このような平等と格差は農村ばかりではない。「単位」と称された国営企業は、手厚く優遇された従業員の間の平等主義が貫かれていたが、さらに細部を見ると、生産ラインや部署を単位にそれぞれ公共金を持っており、彼らの単位の中でのみ通用する平等主義と、外部に対する格差という二重構造が存在していたのである。今日、地域サービスを実現する単位として「社区」が注目されるようになった。地域にある利用可能な資源（施設、人材、資金）を寄付や無償提供によって、「社区」に集積し、共有化しようとする試みである。従来の「単位」社会に代わる生活単位として期待されるところとなっている。しかし、「社区」が提供するサービスの享受からも「外地人」は排除されているのである。

「持つものの間の平等」と「排除されたものに対する格差」が、地域においても、企業においても、さまざまな集団においても構成の原理として貫かれており、中国社会の基底をなしているのではないかと推測することができる。この現実が事実ならば、中国社会のモダニゼーション、「国民国家」の成熟は、「個人」、「平等」、「普遍」といった概念を越えて、この構成の原理の中に新たなシステムの立ち上げを考えざるをえない。中国の伝統的な秩序の中にしか現代社会は生じえないというテーゼは、費孝通が『生育制度』や『郷土中国』で主題としたテーマそのものであった。今日においても中国では社会学のパースペクティブを表す標語として、「社会学の中国化」がしばしば用いられている。その意味内容は定まっていないが、欧米の社会学理論の直接的な応用への自戒と、中国の社会構造を十分に配慮した理論構築をめざす志向を意味しているものと考えられる。しかし、「中国の独特の市場原理」という用語と同様、政治的な標語とはなりえても、社会科学の概念として精錬されているとは言い難い。中国社会の基本構造を社会学として概念化する道筋を立てなければならないが、費孝通の『生育制度』における家族論、『郷土中国』の社会秩序の構造は、さらに精密に検討される必要があるのではないかと考える。

4　費孝通の社会科学と研究技法

費孝通の社会学は、混迷する中国社会の現状分析、改革のための方案の建議、そして社会的実践そのものであったといえよう。医学から社会科学への専攻の転身、中国民主同盟への参加、小城鎮研究の着手、いずれにおいても社会学は実践的でなければならないことを明記している。現状分析が政策の方案に結びつくものであるが故に、対象への理解が深まるにしたがって用いる概念は変化している。マリノフスキーから学んだ機能主義人類学は、全体的把握と複眼的視点として費孝通に受け継がれ、現代社会の社会科学的解読に結びつく。しかし、費孝通はマリノフスキーの生物学的還元と静態的な理解を乗り越えて、人々の実践的な選択と活動に注目している。社会と個人の存在の相互依存的関係、社会と文化の継承と変容のダイナミックな構造を捉えようとしている。また、社会実態に沿って、社会学的概念も可変性に富んだものなのである。小城鎮研究における「模式」は、当初、分析的な類型といった用語であった。その後、研究が全国に広がるにしたがって、一地域の実践的経験が他地域の実践に参考として使えるような範例といった意味に、そして社会発展の道筋を方向付ける段階論的な意味さえ付与している。費孝通の社会学概念は、現状認識の深化の道程にしたがって生きたものとして作り替えられている。

『生育制度』の「社会継替」、「世代参差」、『郷土中国』の「差序格局」、「自我主義」の概念は費孝通の独特のものであるが、先に示したように、これらは欧米の社会学概念を読み替えて生命を吹き込んだものであり、中国社会の解読を生きた姿で捉えることが可能となっている。このように、概念は社会を分析的に切り込むための斧を提供してくれるが、そのためには社会実態に即して鋭利な斧に研ぎ直さなければならない。社会実態に立ち向かう概念は可変性を備えたプラグマチックな性格を持つ。このような可変性とプラグマチックな性格は費孝通の社会解読に生命を与えるが、しかし、費孝通が生きた中国の社会実態を離れて生きることはできない。現代中国社会が都市への人口移動、産業化、国際社会化を突き進んでいる現実は、費孝通が考察した時代状況をすでに超越している。もし、費孝通を学術権威として受け入れて費孝通の概念をドグマ化してしまうなら、概念は社会実態と乖離してその生命は失われる。費孝通はすでに過去の人となったという評価は、この点では正しいのである。しかし、費孝通の論考を再読するおもしろさは、現代社会を解読するのに手軽で適当な概念を見つけだすところにあるのではない。概念が生命を持つように研ぎ澄まされるプロセスを発見するところにあり、社会を解読する斧を手に入れる方法を見いだす契機を得るところにあろう。それに触れることで、社会に向き合うわれわれの態度が内省させられ、現代社会を解読するエネルギーの賦活力を喚起させられるであろう。もし、既成の手頃なテーゼや概念を得ようとして費孝通の論考を再読し、そして失望するなら、それはわれわれが生きた概念を生成する努力を失った知的な怠慢でしかないのではないだろうか。

付録

最近の費孝通

費孝通　略年譜

一九一〇年	江蘇省呉江県県城（現、松陵鎮）で生まれる（一一月二日）。
一九一一年	**辛亥革命、清朝滅ぶ。**
一九一七年	**ロシア革命起こる。**
一九一九年	**五・四運動起こる。**
一九二三年	振華女校（現、蘇州第十中学）入学。一三歳。
一九二八年	東呉大学医学部予科入学。一八歳。
一九三〇年	燕京大学社会学系転入学。二〇歳。
一九三一年	**満州事変（九月）。**
一九三三年	燕京大学社会学系卒業。二三歳。卒業論文「親迎婚俗之研究」。清華大学社会学及人類学系大学院入学。
一九三五年	王同恵と燕京大学で結婚（八月一日）。王同恵とともに広西に調査に赴く。費孝通が虎の罠にはまり、王同恵は救助を求めて下山中、川に転落して溺死する（一二月一六日）。二五歳。
一九三六年	呉江県に帰郷し、開弦弓で養蚕合作社の調査。イギリス、ロンドン・スクール・オブ・エコノミクスに留学する。二六歳。

一九三七年 **日中の全面戦争に拡大。**
一九三八年 博士学位取得、ハノイ経由で雲南に帰国。雲南農村の調査に着手する。二八歳。
一九四〇年 昆明が日本軍に爆撃される。社会学研究室を呈貢鎮に移す、「魁星閣」と呼ぶ。三〇歳。
一九四三年 アメリカに招聘される（六月〜翌年七月）。三三歳。
一九四五年 **日本ポツダム宣言受諾。**
一九四六年 **国民党と共産党の全面内戦へ。国民党による白色テロが激化。**
一九四六年 イギリス文化協会の招聘で訪英（一一月〜一九四七年三月）。三六歳。
一九四七年 北京に帰国。三七歳。
一九四九年 **中華人民共和国成立（一〇月一日）。**
一九四九年 清華大学校務委員会委員、副教務長。三九歳。
一九五〇年 中央政府民族事務委員会委員。四〇歳。
一九五一年 中央民族学院副院長。中国民主同盟中央委員会委員。四一歳。
一九五六年 **中共が「百花斉放・百家争鳴」を提唱。**
一九五六年 国務院専家局副局長、国家民族事務委員会副主任。四六歳。
一九五七年 **「反右派闘争」が広がる。**
一九五七年 「知識分子的早春天気」の発表を機に、右派分子として批判が始まる。四七歳。
一九五八年 いっさいの行政職を解かれる。四八歳。
一九六六年 **「文化大革命」始まる。**

一九六六年　文化大革命の攻撃を受け、「人民の的」とされる。五六歳。
一九六九年　「五・七幹校」（幹部のための労働改造校）に送られる。五九歳。
一九七二年　**米国ニクソン大統領訪中。日中国交正常化。**
一九七二年　幹校から北京に帰される。六二歳。
一九七四年　中根千枝の訪問を受ける。六四歳。
一九七六年　**周恩来死去。「四人組」失脚。**
一九七八年　京都東アジア学者学術討論会に出席。
中国社会科学院民族研究所副所長に就く。六八歳。
一九七九年　**米中国交成立。**
一九七九年　中国社会学研究会（一九八二年に中国社会学会に改組）を組織し、会長になる。
アメリカ訪問（四月〜五月）。カナダ訪問（一〇月〜一一月）六九歳。
一九八〇年　中国社会科学院社会学研究所所長。
米国応用人類学会マリノフスキー名誉賞受賞（三月二一日）。アメリカ各地の大学で講演。七〇歳。
一九八一年　江蘇省呉江県開弦弓訪問、江南の調査開始（一〇月）。
英国王立人類学協会ハクスレー記念賞受賞（一一月）。ロンドン・スクール・オブ・エコノミクスで記念講演。七一歳。
一九八二年　ウルムチ、四川などで少数民族調査の組織化。七二歳。

一九八三年	江蘇省小城鎮研究討論会開催、小城鎮研究の提唱。七三歳。
一九八四年	**中共中央「郷鎮企業建設」呼びかけ。**
一九八五年	北京大学社会学人類学研究所所長。七五歳。
一九八七年	**台湾との交流始まる。**
一九八八年	大英百科全書（Encyclopedia Britannica）知識普及功労賞受賞（二月）。七八歳。
一九八九年	**天安門事件（六月三―四日）。**
一九九三年	福岡アジア文化賞受賞（九月三日）。八三歳。
一九九四年	フィリピン・マグサイサイ賞受賞。八四歳。

（ゴシックは中国の全体状況に関わる事項）

費孝通主要著作

1939 *Peasant Life in China: A Field Study of Country Life in the Yangze Valley*, Routledge and Kegan Pault.
一九四三 『禄村農田』商務印書館
1944 *China Enters The Machine Age*, Harvard University Press.
1945 *Earthbound China: A Study of Rural Economy in Yunnan*, Chicago University Press.
一九四六 『初訪美国』生活書店
一九四六 『民主・憲法・人権』生活書店
一九四七 『内地的農村』生活書店（初版、一九四六年）
一九四七 『重訪英倫』大公報館
一九四七 『生育制度』商務印書館
一九四七 『郷土中国』上海観察社
一九四七 『美国人的性格』生活書店
一九四八 『皇権与紳権』（呉晗共著）上海観察社
一九四八 『郷土重建』上海観察社
一九五一 『兄弟民族在貴州』三聯書店
1952 *China's Gentry*, Chicago University Press. (Revised & Edited by Margaret Park Redfield)
一九八一 『民族与社会』人民出版社
一九八五 『小城鎮四記』新華出版社（「小城鎮 大問題」、「小城鎮 再探索」、「小城鎮 蘇北編」、「小城鎮 新開

拓」を所収)
一九八六 『江村経済――中国農民的生活』江蘇人民出版社 (*Peasant Life in China* の中文訳)
一九八七 『辺区開発与社会調査』天津人民出版社
一九八九 「中華民族多元一体格局形成的特点」『群言』一九八九年第三期、『北京大学学報』一九八九年第四期
一九九〇 「人的研究在中国」『読書』一九九〇年第一〇期
一九九二 『行行重行行――郷鎮発展論述』寧夏人民出版社
一九九四 「個人、群体、社会――一生学術歴程的自我思考」『北京大学学報』一九九四年第一期
一九九五 「従馬林諾基老師学習文化論的体会」『北京大学学報』一九九五年第六期

選集・文集として編纂された出版物

一九八五 『費孝通社会学文集』(全四冊)天津人民出版社(『民族与社会』、『社会学的探索』、『論小城鎮及其他』、『従事社会学五十年』を所収)
一九八八 『費孝通民族研究文集』民族出版社
一九八八 『費孝通選集』天津人民出版社
一九八八 『費孝通学術精華録』北京師範学院出版社(一九九二年『費孝通学術論著自選集』として改訂)
一九九三 『逝者如斯――費孝通雑文選集』蘇州大学出版社
一九九六 『学術自述与反思――費孝通学術文集』三聯書店

一九九六　『費孝通学術文化随筆』中国青年出版社
一九九九　『費孝通文集』（全一四巻）群言出版社
二〇〇〇　『費孝通人物随筆』群言出版社
二〇〇〇　『費孝通文化随筆』群言出版社
二〇〇〇　『費孝通域外随筆』群言出版社

費孝通に関する研究書及び翻訳書

銭成洵・史岳霊・杜晋宏　一九九五『費孝通禄村農田五十年』雲南人民出版社

張冠生（一九九六）『郷土足音――費孝通足迹・筆迹・心迹』群言出版社

張冠生（二〇〇〇）『費孝通伝』群言出版社

Arkush, R. David 1981 *FEI XIAOTONG and Sociology in Revolutionary China*, Harvard University Press.（董天民訳『費孝通伝』時事出版社、一九八五年）

Hamilton, Gary G. and Wang Zheng translated 1992 *From the Soil: The Foundations of Chinese Society, A translation of Fei Xioatong's Xiangtu Zhongguo*, University of California Press.（『郷土中国』の翻訳）

McGough, James P. 1979 *Fei Hsiao-t'ung: The Dilemma of a Chinese Intellectual*, M.E.Sharpe, Inc., Publisher.

Pasternak, Burton 1988 'A Conversation with Fei Xiaotong' in *Current Anthropology*, Vol.29 No.4.（潘乃穆訳『経歴・見解・反思』、一九九六年『費孝通学術文化随筆』所収）

宇野重昭・朱通華編（一九九一）『農村地域の近代化と内発的発展論――日中「小城鎮」共同研究』国際書院

大里浩秋・並木頼寿訳・坂本楠彦解説（一九八八）『江南農村の工業化――〝小城鎮〟建設の記録　一九八三～八四』研文出版（『小城鎮四記』と『江村五十年』の翻訳）

小島晋治ほか訳・小島晋治解説（一九八五）『中国農村の細密画――ある村の記録一九三六～八二』研文出版（*Chinese Village Close-up*, New World Press, Bei Jing, 1983 の翻訳）

佐々木衞（一九九六）「アジアの社会変動理論の可能性――費孝通の再読を通して――」『民族学研究』六一巻三号

仙波泰雄・塩谷安夫訳（一九三九）『支那の農民生活』生活社（*Peasant Life in China* の翻訳）

西澤治彦解説・訳（二〇〇二）「費孝通著『中華民族の多元一体構造』」『武蔵大学総合研究所紀要』No. 2

横山廣子訳・中根千枝解説（一九八五）『生育制度』東京大学出版会（『生育制度』の翻訳）

【タ行】

【ナ行】

【ハ行】

【マ行】

【ラ行】

事項索引

【ハ行】

【マ行】

【ヤ行】

【ラ行】

人名索引

■著者紹介
佐々木　衛　（ささき　まもる）
1948年、広島市に生まれる。
山口大学文理学部卒業、九州大学大学院文学研究科博士課程修了、文学博士。
現在、神戸大学文学部教授。

主な著書
単著
『中国民衆の社会と秩序』東方書店（1993）。
編書・共編書
『中国の家・村・神々―近代華北農村社会論』東方書店（1990）、『近代中国の社会と民衆文化―日中共同研究・華北農村社会調査資料集』東方書店（1992）、『中国社会の理論と技法』文化書房博文社（1999）、『中国朝鮮族の移住・家族・エスニシティ』東方書店(2001)、『中国村落社会の構造とダイナミズム』東方書店(2003)。
監訳書
『中国の家庭・郷村・階級』文化書房博文社（1998）

FEI, Xiao-tong — Sociology for reflecting the China modernization

〈シリーズ世界の社会学・日本の社会学〉
費孝通――民族自省の社会学
2003年10月20日　初　版 第1刷発行　〔検印省略〕

＊定価はカバーに表示してあります

著者© 佐々木衛　発行者 下田勝司　印刷・製本 中央精版印刷
東京都文京区向丘1-20-6　郵便振替 00110-6-37828
〒113-0023　TEL (03) 3818-5521㈹　FAX (03) 3818-5514
E-Mail tk203444@fsinet.or.jp
発行所 株式会社 東信堂

Published by **TOSHINDO PUBLISHING CO., LTD.**
1-20-6, Mukougaoka, Bunkyo-ku, Tokyo, 113-0023, Japan
ISBN4-88713-519-x C3336

東信堂

〔現代社会学叢書〕

- 開発と地域変動—開発と内発的発展の相克　北島　滋　三二〇〇円
- 新潟水俣病問題—加害と被害の社会学　飯島伸子・舩橋晴俊編著　三八〇〇円
- 在日華僑のアイデンティティの変容—華僑の多元的共生　過　放　四四〇〇円
- 健康保険と医師会—社会保険創始期における医師と医療　北原龍二　三八〇〇円
- 事例分析への挑戦—'個人'現象への事例媒介的アプローチの試み　水野節夫　四六〇〇円
- 海外帰国子女のアイデンティティ—生活経験と通文化的人間形成　南　保輔　三八〇〇円
- 有賀喜左衞門研究—社会学の思想・理論・方法　北川隆吉編　三六〇〇円
- 現代大都市社会論—分極化する都市?　園部雅久　三二〇〇円
- インナーシティのコミュニティ形成—神戸市真野住民のまちづくり　今野裕昭　五四〇〇円
- ブラジル日系新宗教の展開—異文化布教の課題と実践　渡辺雅子　八二〇〇円
- イスラエルの政治文化とシチズンシップ　奥山眞知　三八〇〇円
- 正統性の喪失—アメリカの街頭犯罪と社会制度の衰退　G・ラフリー　宝月誠監訳　三六〇〇円
- 福祉国家の社会学—21世紀における可能性を探る〔シリーズ社会政策研究1〕　三重野卓編　二〇〇〇円
- 福祉国家の変貌—グローバル化と分権化のなかで〔シリーズ社会政策研究2〕　小笠原浩一・武川正吾編　二〇〇〇円
- 福祉国家の医療改革—政策評価にもとづく選択〔シリーズ社会政策研究3〕　三重野卓・近藤克則編　二〇〇〇円
- 社会福祉とコミュニティ—共生・共同・ネットワーク　園田恭一編　三八〇〇円
- 新潟水俣病問題の受容と克服　堀田恭子著　四八〇〇円
- 新潟水俣病をめぐる制度・表象・地域　関　礼子　五六〇〇円
- ホームレス ウーマン—知ってますか、わたしたちのこと　E・リーボウ　吉川徹・轟里香訳　三二〇〇円
- タリーズ コーナー—黒人下層階級のエスノグラフィ　E・リーボウ　吉川　徹監訳　二三〇〇円

〒113-0023　東京都文京区向丘1－20－6　☎03(3818)5521　FAX 03(3818)5514　振替 00110-6-37828
E-mail:tk203444@fsinet.or.jp

※税別価格で表示してあります。